だいわ文庫

わたし時間を取り戻す 暮らしの技術

阿部絢子

大和書房

わたし時間を取り戻す　暮らしの技術　目次

第1章

限りある時間を有効に遣う

第2章

「家事ストレス」など溜めない

第3章 人生に寄り添うモノを選んで片づける

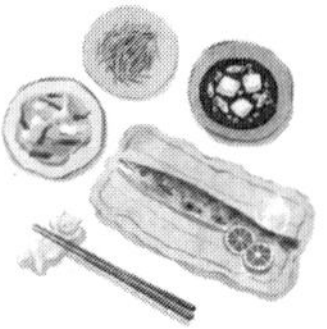

第4章

調理は続く、最期まで

第5章 ラクしておしゃれに着続ける

第6章　居心地のよい住まいで暮らす

第 1 章

限りある時間を有効に遣う

自分時間

あなたは、時間を有効に遣っているだろうか。

誰にとっても、人生の時間は有限だ。生物は永久に生き続けることなどできない。だからこそ限りある時間のなかで、人生の面白さ、楽しさ、つらさを身に感じ、自分なりに生きた実感、体験を記憶に残したい。誰の暮らしにも公平に与えられている時間を、どう遣うかは、自分次第なのだ。

これまで家のことに、仕事に、子育てに、多くの時間を費やしてきた人は、「自分の時間」の大切さなど考えたことがなかったかもしれない。一生懸命に、あるいは無意識に、家のこと、仕事、子育てをこなし、人生を過ごしてきたことだろう。

しかしこれから先、私たちはもっと「自分のため」に「有効」に時間を遣ってもいいのではないか。

「やりたいこと」に遣える時間は限られている。サッサとやりたいことをスケジュールしておかないと、時は消えてしまう。

　私がそう考えるようになったのは、現在、人生の後半、下り坂のライフステージを過ごしているからかもしれない。

　下りの体感スピードはドンドン速くなっていて、やりたいことの半分もできないうちに、もう一日が暮れてしまう。いくら時間があっても足りない。焦りが加わり始めて、のんびり構えてはいられない気分なのだ。暮らしを見直し、衣食住の家のことには最小限の時間を遣うようにして、日々、やりたいことを中心に時間を遣っていくようにしなくては……。

　若い頃には、人生の先がたっぷりあると思い込んでいたから、「時間を有効に」などとは考えたこともなかった。人生のピーク、50歳を過ぎたあたりで、残り時間が少なくなったことを意識して、初めて考えたのだ。

「有効な」というのは、もちろん「自分にとって」でいいと思う。時間の遣い方が有効かどうか、他人が決められるはずはないし、世代やライフステージによっても違ってくる。

　ある時には無駄な時間を過ごしたと感じていても、振り返ってみた時、その時間が案外有益な時間であったと思い当たることもある。現在ある状況の中での、精一杯でいい。自分をよく理解し、自分のやりたいことをシッカリと捉えて、過ごしていけばいいのだ。

授けられた一生を自分のものとして過ごすために、暮らしのなかで前向きに手離せるものを手離したり、やり方を変えたりしながら、自分の時間を活かしてはどうだろうか。

人生にやりたいことを持つ

ぼんやり、ゆったり、なんとなくぼーっと過ごしても、一日の時間はあっという間に過ぎて消えていく。すると明日が来て、それも過ぎ、一生の残り時間が数えられるようになってくる。

人生、一生は瞬く間である。

時間は誰にも等しく公平に与えられるし、いつだって同じ速度で刻まれるはずだが、しかし過ぎ去ってみれば、そのスピードが違うように感じられるから、不思議である。

人生という山を登り始めたばかりの若い頃は、まだまだ先が長いように思え、時が過ぎるのを遅く感じていた。早く、親、家族、学校といった自分をしばる規則のあるところから解放され、ひとりの自由を満喫したい、ともがいていたからだろうか。あれもこれもと、やりたいことが次々と湧くように出てくる時期だったからだろうか。もどかしいほど、時が過ぎるスピードは鈍かったものだ。

ところが、人生の半ばを過ぎたあたりから、そのスピードは速まりつつあると感じる。人生という山の下り坂だからか、あるいは、身体機能が少しずつ鈍化してくるからだろうか。

時のスピードは格段に速まり、転がるように、時間は過ぎていく。

人生の時間を上手く遣っていかないと、あっと言う間に終わりがきて「一生はなんだったのだろう？」と悔いが残りはしないだろうか。それでは折角の人生がもったいない。最後まで面白がり、楽しみ、好奇心を持って時間を遣いたい。

人生の登り、下り、どの段階にあっても、自分の「やりたいこと」を持っていたほうが、充実した時間を過ごせると思う。

「やりたいこと」はどんなことでもいいのだ。コロコロと、目先を新しくするように変えていってもいい。あるいはとんと変化せず、ずっと好きなことに費やしてもいい。とにかく、自分が本当に「やりたいこと」を持つことだ。

「やりたいこと」は、これまで家のこと、仕事、子育てを中心としてきた暮らしに変化をもたらすだろう。暮らしに彩りが加わり、ストレスは分散し、暮らしの均衡が保てる、といった効果も期待できると思う。

これは別に、高齢の人に限った話ではない。若く、忙しく働いていて、自分の時間がなかなか持てないような世代の人であっても、どんなに小さなことでも、自分が本当に「やりたいこと」に集中する時間は必要だ。「やりたいこと」にコツコツと時間を重ねることで、人生は豊かになる。

時間は待ってくれない。スケジュールは「やりたいこと」中心に立てて

人生の残り時間は、誰が決めるのだろうか？

平均寿命は、すべての人に等しく当てはまらない。時間に余裕があると考えていても、明日で終わり、となるかもしれない。「後で食べよう」なんて美味しいものを食べずにおいて、次の瞬間亡くなることもあるかもしれない。

時間は誰にも公平だが、寿命が分からない以上、考えると不安は募ってしまう。早めに人生のスケジュールを立てて、どんなふうに時間を遣うかをハッキリとさせておいたほうがいい。そうすれば、たとえ計画の途中で終わったとしても、悔いなく終えられるような気がする。

時の過ぎるスピードが速くなっている今、どうにかしてそのスピードを緩めたり、止めたりすることは、できないのだろうか？　と、つい思ってしまう。時間は待ったなしの状況だ。ぼんやり過ごしている暇はない。

時間配分を考えれば、「やりたいこと」中心にして優先順位を付けないと、先に進まなそうだ。当然、日々の暮らしを支えるための「やるべきこと」は、そこそこでいいと思える。

「食」は身体の健康のために、いい加減にするわけにはいかないから、ほどほどにする。だが、他の「衣」や「住」は、適当にならざるを得ない。不精にならない程度の暮らしを保ちながら、一日を、コツコツと送っていくしかないようだ。

「やりたいこと」とは

目の前のやるべきことや仕事は「やりたいこと」とは違う。

それらは生きるために欠かせないことだが、「やりたいこと」は人生最後にやり残したくないことだ。

人によって、世代によって、「やりたいこと」は人それぞれだろうが、「やりたいこと」があるかないかでは、人生の充実度が大いに違う。

昔取った杵柄が役立つこともあるし、継続してきたことが役立つこともある。やりたいことがコロコロと変化して、ずっと最後に決まることもある。

私の友人は、若い頃から長年、能を趣味として続けていた。能には、着物を着なければ話にならない。趣味が根底にあったから、着物を学び、古き良き時代の着物にまで通じるようになった。それで着物を販売する会社との縁ができ、定年後には、そこで着物の価値を広める職を得たのだった。「やりたいこと」が、仕事になったというわけである。

「やりたいこと」が、自分の人生にどのような縁や効果を結び付けていくかは分からないが、時間を有効に遣った結果であることだけは、確かなことだと、この例から知ることができる。

わが師である家事評論家の吉沢久子さんは、若い時、童話作家を目指し、同志の集まりに参加していた。集まりには多くの若者がいて、そこで人との交流が生まれ、後々の仕事へと発展していったという。

童話作家という「やりたいこと」がなければ、集まりにも参加しなかっただろうし、また、多くの友人とも知り合うこともなく、もしかしたら「家事評論家」という仕事にもめぐり合わなかったかもしれない。

といって、私は決して「やりたいこと」を仕事に結びつけることがよい、と言っているわけではない。「やりたいこと」があれば、そのために時間遣いを工夫して、「やりたいこと」を優先させると、人生を充実して過ごせるのではないか、と考えているだけだ。

「やりたいこと」が、人生を輝かせ続ける源だと思う。

もし「やりたいこと」が見つからなければ、人生は日々の暮らしだけで終わってしまうかもしれない。もちろん、自分がそれでいいなら、いいのだが……。

実は私の身近に、「やりたいこと」がない人がいる。その人は一日中、テレビを観るでもなく、家で横になっているという。買い物に行くのも、「少し動かなければ」と思ってのことで、「料理するのも億劫」だからと、ボーッと過ごしているのだそうだ。

人生時間の終盤ともなると、身体は思うように動かせなくなるし、物覚えも悪くなる。人との付き合いも億劫になって、家に引きこもりがちになってしまう。それでも「やりたいこと」への興味があれば、たとえ実際に身体を動かしてやることはできなかったとしても、テレビや本で少しでもそれに近しい内容を選んで、楽しむことだってできるはずだ。

「やりたいこと」を持つことは、言い換えれば、人生の最後の最後まで興味と好奇心を持つということ。

私はやっぱり、人生を無為に過ごすより、楽しみ、面白がって、「やりたいこと」に時間を遣って、人生を終えたい。

時間の遣い方はいつからでも変えられる

人生のステージが変化するごとに、時間の遣い方も変わって当たり前だ。例えば幼少期は、親の下での暮らしゆえに自分勝手に時間を遣うことなどできなかったはずだ。しかし、大人になって自立すれば、自分の時間は自分で自由に遣って暮らすことができる。

私自身、若い頃だって、もっと時間を大切にすれば、有効に遣えたのではないかと思う。当時は仕事が面白くて、仕事中心の暮らしだった。隙間時間では頻繁に友人たちとの会合に耽って遊んでいたが、それもすべて仕事絡みであった。人生、仕事漬けということだった。仕事も遊びも大切だったとは思うが、もっとほかに「やりたいこと」を探し、そのための時間を作り出せばよかったと、今更に思う。

遊びに飽きた30代半ば、時間を有効に遣う機会が訪れた。人生の先輩が作り上げた同人会に誘われた。すぐに飛びついたのは言うまでもない。

この会は、個人が独立した意志と主張、意見を持ち、テーマを決めて研究し、発表していく会だった。そこで初めて、テーマを見つけて研究を重ねる面白さや、意見交換の楽しさ、自由な意見のぶつかり合いを経験したのだ。

つまり、「やりたいこと」に出合って、「やりたいこと」に時間を遣う方法をトコトン身に付けたのである。もし、この会に出合わなかったら、相変わらずに仕事と遊び、家のことにばかり時間を遣うような、下手な時間遣いをしていただろう。

この会は今も３カ月に一度、同じ一冊を読む読書会として形を変え、続けている。全員が年齢を重ねたため、テーマの研究発表はできなくなったが、それでも一冊の本を読破して思考を広げ、深める会の姿勢は変わらないし、会員それぞれが自己を追求する姿勢も変わらない。

同じ場を共有して研鑽できる仲間がいることが、心強く、刺激にもなる。時間を有効に遣っていこうと、気持ちを奮い立たせてくれる存在だ。

人生時間は5段階に変化する

少し大袈裟に言うと、人生とは大きな山を登って下りる道のりだ。登る時には体力も気力も記憶力も備わっているからいい。だが下りる時は、これらの力が衰えている。厄介なのは病いを抱えたり、記憶を喪失したりしながら、下りなければならないことだ。

人生は１００年時代と言われる。今１００歳を超えようという人たちは大正や昭和初期に生まれた人だ。戦火や災害の時代、環境や栄養面も十分とはいえない時代をたくましく生き延びた人たちだ。

今現在の私たちを取り囲む環境は、地震と遠くの戦火を例外にすれば、食材は豊富で四六時中手に入り、栄養も充実して、環境が整っている。医療も進歩している。ただその反面、新たな病いが様々に出現している。人生年齢を考えた時、とても大正や昭和初期生まれの人たちが生き延びた100年という年齢まで過ごすのは難しいのではないか？　と私は思う。

私たちの暮らす環境もまた、大きな山に例えられるかもしれない。

昔の山には緑が多く、水は綺麗で、空気は清々しく、土も醸成して豊富で、ゴミも生分解が可能だった。が、今の山はどうか。緑は建物に変化し、水は汚染され、空気は汚れ、土の栄養は痩せて減少し、ゴミは分解されることなく、海洋、土壌、空気の汚染源となっている。そう、昔とは環境が違う山なのだ。こうした現在の山の道のりを、私たちは80〜90年の年月、登ってから下って、暮らしていく。

一日24時間、365日、80〜90年の歳月、日々たゆむことなく暮らしを続ける。ひとりひとりの山の形、高さ、険しさなどはまったく違うだろうが、誰もが登って下りる人生という山の道のりは、景色の違う大きな5つの段階がある、と私は考えている。

第一の人生時間は5歳〜20歳ぐらいまでの基礎時間。暮らしは両親、祖父母など家族に依存しているが、三つ子の魂百までと言われるように、人生の基礎を形作る時間だ。

人生の基礎体力とでも言うべき、暮らしの技術、例えば衣食住の技術、手伝い、お使い、挨拶、付き合いといったことを、両親、祖父母、親戚などからシッカリと吸収しておくことが大切な時期である。子どもだから、勉強が忙しいから、遊びが優先だからと、子どもに暮らしの技術の基本を教えないのは、子どもにとって、逆に酷なことだと思う。

第二の人生時間は20〜30代までの成長期、社会人として一人前になる時間。一人前とは、第一の人生時間で培った基礎力を足掛かりに、経済的、精神的、社会的、市民的な自立を果たすこと。責任感を持つことが必要となる時だし、これから先の、山の頂上に立とうと、登りを極めている時間でもある。自分の家族を構成しているかもしれない時期だ。

他者（家族・親族・上司・先輩・友人・知人など）に寄り掛かっていた第一の人生時間と違い、この時期は先に述べた4つの自立が優先されるべきで、自分の考えで地に足を着けて、キチンと立つ時だ。

まずは経済の自立。暮らしていくに足る働きを得て、収入を得ることが先決。自分や家族が滞りない暮らしを運べる経済収入を継続して確保していく。一時的な収入を時々掴むというのではなく、一定の継続した働きによって定期収入で暮らしを支え、将来の暮らしの基盤となる経済を自立させる。

次に重要なのが、精神的自立。モノごとの判断を、自分で結論付けていくのが精神的自立だ。周りから意見を聞き、情報を収集することはいいが、それに流されたり追従、誘導されたりすることなく、確固とした自分の意見を持つことが大切だ。モノごとを自分で決定した結果、失敗しても、自分で責任を取る。

この精神的自立ができていたか否かは、実は老いてからの第四の人生時間以降になって、暮らしぶりに顕著に表れてくる。「老いては子に従え」と昔はいわれたが、現在は違う。老いてもモノごとを自分で判断し、決定していくことが、一生を通して大切だと思う。

次が社会的自立。人は社会との繋がりで暮らしている。自己はもちろん、家族もまた社会の一員だ。その一員が所属する社会にはどのような仕組みがあり、その仕組みがどのように繋がってどのように動くのかをよく理解し、そして社会に参加することが社会的自立である。社会との関わりは一様ではない。すぐ社会人として働く、勉学から学位を取得して働く、いずれも両立させて働くなど、様々である。だがいずれにしても、社会の一構成員として自覚、責任、判断、労働（知的・技術的・体力的など）を担って、社会に参加することが必要だ。

最後に市民的自立。市民には村、町、都市、国などの暮らす場所があり、市民とはその場所を支える人たちである。地域に暮らす人が集まり、活動することで、結果として国、そして地球が存在する。市民のひとりとして、居場所である地域に何ができるのか、享受するばかりでなく、環境負荷の存在と負荷量を把握して、できるだけ影響や負荷を減らして暮らすことを心掛けていくことが大切だと思う。

第三の人生時間はハイライト期だ。知力、体力、社会での影響力など、あらゆる面において充実した40代～50代。

会社での立場も安定し、社会的にも評価を得られ、経済的にも豊かに暮らせている人もいるかもしれない。また子どもを持ったり、子どもが成長して、世帯の人数が増えたりなどもする。

余談だが、このステージで陥りやすいのが、驕りや傲慢、独りよがりなど。人生経験を重ねているがゆえに、とくに、歳下の人たちの意見を蔑《ないがし》ろにしがちだ。組織の上に立つ者としては、それがマイナスになる。チームの結束を促して組織を順調に動かすためにも、より多くの人たちと活発な意見交換の場を持つことが必要だ。ひとりの考えでことを運ばず、多くの意見を取り入れる姿勢こそが重要になる。

この頃から、社会的な立場の終焉（つまり定年退職）が囁かれ始める。すると家庭内でも、意見の食い違いが目立つようになるかもしれない。

長年の習慣、考え方、暮らしなどを再確認して、次の段階に向けた準備も始める時だ。準備なくして次の段階に移れば、戸惑うことが多い。これより先は、それまでの道のりとは打って変わり、山を下っていかなければならない。その下り坂をゆうゆうと歩くために、また、変化する景色を楽しむためにも、早めの準備あってこそだ。

第四の人生時間は年齢60代〜70代くらいだろうか。第三の人生時間とは違って、体力、知力、社会力など、嘘のようにだんだんと衰えていく。加えて、老い、病い、親や連れ合いの介護など、これまでに経験したことのない様々な問題も発生してくる。それらに対処するためにも、先々を見越して、習慣、考え方、暮らしを変え、解決法などをまとめて決めておきたい。

さらに人生の終焉前の貴重な時間として、これまでに達成できなかったこと、やり残したこと、やりたいことなどの希望を考えたり、それを夫婦間、家族間で話し合い、お互いの問題点を共有しながら、協力することが欠かせない。ここでは、それまで経済的、精神的、社会的、市民的な自立がどのくらいできていたかが問われるわけだ。

一日24時間、３６５日、限りある人生の最終有効期限が迫っている。これまでの人生を振り返って、課題や「やりたいこと」と向き合い、どれを優先するのか、順位を決めていく。順番を間違うと後悔する。自分自身の考えと時間の遣い方のバランスを大切にして、速やかなる行動を取るべしだ。

第五の人生時間はいよいよ、人生最終章。80代以降のこととなるだろうか。私はあと数年で、このステージに立つ。

最終章がどれほどの長さになるかは人により、１００歳を超える人もあれば、いろいろだろう。幕を閉じる年齢ばかりは、神のみぞ知る。

最後のステージで、誰しもに共通するのは、身体機能の衰えである。思考、動作、食欲、歩行など、次第に自分だけでは難しくなり、介助を必要とする時である。それまでとはまったく違った死への覚悟、準備が求められる。

「いよいよ」が無事に、そして周りの負担を少しでも減らせるように、身の処し方、モノの片づけ、遺言などを考える段階だが、この時期になって初めて手を付けようとしても、身体はいうことを聞かない。だから肝心なのは、第四の人生時間の終わり頃から、準備をしておくようにすること。

お読みになっている方の中には、第三の人生時間、ハイライト期を過ごしている方もあるだろう。年若い人にとっては、遠い未来のように感じるだろうが、必ずやって来る変化である。今は考えたくもないなら、読み飛ばしてもらってもよいのだが、頭の隅に少し入れておくと役に立つと思う。

こんなふうに人生の時間を五つの人生時間で考えてみると、今どのように時間を遣うのが、自分にとって有効なのか、考えるヒントにならないだろうか。

自分の性格を熟知して、暮らしに対する姿勢を持つ

時間を有効に遣いながら、暮らしを上手く循環させて営むためには、「やりたいこと」と同時に、「暮らしに対する姿勢」を根底に持つ必要がある。その姿勢を決めるのは、自分自身だ。「暮らしに対する姿勢」は、「やりたいこと」に遣う時間をどう捻出するか、「やりたいこと」をどこでやるのか、誰とやるのかにも関わる。

例えば、ゆったりのんびりと暮らしたいとか、裕福に趣味三昧で暮らした

い、あるいは質素でもホッとする暮らしがいいとか、自然溢れる田舎で暮らしたい、都会で忙しく働きながら暮らしたい、自分の仕事も家族の暮らしも充実させたい、などなど。様々な暮らしに対する姿勢があり、どのような暮らしを望むかは本人次第だ。

暮らしに対する姿勢を決める際には、自分の性格をトコトン熟知しておきたい。望む暮らしの姿勢と自身の性格がかけ離れてしまうと、その乖離に疲れ、暮らし自体が崩壊することもあるからだ。望む姿勢があるならば、自分の性格にフィットしているかどうかを見極めたい。

例えば私の暮らしに対する姿勢は「働けるところまで働き、時にホームスティ旅で身の周りの環境を変え、人生に新発見を加えながら、面白く暮らす」である。

その根っこには「仕事好き」がある。以前に、仕事をせずに1カ月ほど暮らしたら、退屈で身が腐った経験があるからだ。

私の暮らしで最も大切なのは、仕事内容である。パートと文筆、常に二足の草鞋を履いていたが、60代後半に、一足の草鞋を履き替えなければならなくなり、どうしたものか迷った。挙句、持っていた薬剤師の資格を活かし、手っ取り早く調剤という草鞋を選んでしまった。この時もう少し自分の性格を吟味して選んだほうがよかったのだが、根がおっちょこちょい、即採用に気をよくしたのだ。

だが、調剤の仕事の内容は私の性格とフィットしなかった。

私の性格は、おっちょこちょい、早とちり、せっかち、大雑把、一方でどこかのんびり、クヨクヨせず、好奇心旺盛で挑戦好き、人好き、環境変化に柔軟といったところだろうか。

おっちょこちょい、早とちり、せっかち、大雑把は、調剤には向かない。仕事に就いたばかりの頃、失敗を繰り返した。だが一方でクヨクヨせず、反省と挑戦を繰り返す性格だから、未知を楽しみ、接客を面白がり、そうした日々を諦めずに、今も続けている。時には落ち込み、劣等感に悩まされ、辞めようと思ったことなど幾度もあるが、そのたびにもっと面白いことがあるかもしれないと、好奇心が動き、仕事が続いている。

私に丁寧さや慎重さといった性格がもう少しあれば、仕事はより順調だったに違いない。でも、ないものねだりはしない。慎重さを肝に銘じていけばいいと考えている。

暮らしに対する姿勢を描き、自分の性格をチェックして、フィットさせることができれば、なおいいと思う。もちろんフィットしなくても、近づけていければいい。大きく解離することだけは避けたいものだ。

時間配分、自分流で

誰もが、時間を有効に遣いたい。だがいつでも、有効な時間を過ごせるかというと、そんなことはない。なにもせずに、一日が暮れてしまうことだってある。毎日がそうでは困るが、毎日を有意義に過ごそうと頑張りすぎて燃え尽き症候群となっても困る。

24時間をいかに有効に遣うかは、その人次第だ。暮らしの優先順位を考慮した時間配分をしていきたい。

例えば私の場合、優先順位は、第一は睡眠と休養で、第二に身体維持のための食とその準備、そして第三が仕事である。

従って一日のうち真っ先に確保するのは、8時間以上の睡眠と休養。この時間は、なにをおいても優先させている。最近ではここに、身体をケアする整体通いの時間が加わった。

60代でギックリ腰になり、腰を痛めた。それを治ったと思って放置していたら、どうも右足の腰辺りの筋肉の動きが悪くなり、右足が上手く上がらなくなったのだ。それで、少しの段差でも突っかかり、よく転ぶ。このままでは、転倒をきっかけにして寝たきりになる可能性があるので、整体でほぐしてもらい、動かしてもらう時間が必要不可欠となっている。30分だが、貴重で必要な時間である。これを加えると、8・5時間が、第一の睡眠と休養の時間遣いである。

第二の食とその準備には、買い物と食事作りの時間も含まれるが、平均すると一日2・5時間というところだろうか。私は夜が遅い暮らしの習慣になっているため、毎日、三食など食べられない。だから一食は充実させるが、あとは適当である。調理は時間のある時に保存食を作り置きし、あとはその時々の季節に合わせて主菜を作って食べる。買い物はしない日もある。

第三の仕事は、2種類の仕事をしている。午前は、生活研究家としての仕事である。これは主に午前中に、3時間程でこなしている。あと1種類は薬剤師としての仕事で、これは仕事場に出かけるので、往復の通勤時間などを含めて6・5時間。

残り時間が3・5時間である。この残り時間の中に、読書、コーヒータイムの楽しみ、入浴、洗濯、掃除、片づけなどを、適当に織り込んでいる。新聞と読書にたっぷり1時間、コーヒータイムの楽しみが1時間ほど、あとは入浴で0・5時間、といったところ。優先順位は、新聞と読書、入浴、コーヒーで、最後が家のことをする時間だ。常に付き合っている人などがいないので付き合いの時間はないが、誘いがあったら読書や家のことに割く時間を省略して、付き合いに消費している。

私が家のことに遣う時間は、平均すると一日0・5時間くらいかもしれない。そのうち掃除は5分、洗濯20分、そして片づけで5分くらい。それほどに、家のことはちょこちょことこなしているということだ。

私はこうして日々、必ず優先順位を決めて時間の配分をして、時間を遣っている。若い頃の優先順位は、もっと違っていたと思うが、年齢を重ねた今、家のことだけに消費せずに自分自身に遣う時間が多くなっているのが、お分かりいただけると思う。

自分の優先順位を軸に時間を配分してみると、人生の有効な時間遣いが見えてくるのではないだろうか。

子育てと「家事」だけに時間を消費しない

とかく子育てには、青天井で時間と労力をかける人が多いようだ。親が子を導いて子の成績を良くする、立派な人にする、子の思う道に進ませてやるなどといって親が苦労するが、これに私は疑問を持っている。

子育てなどしたことのない私が、エラそうなことを言うのもおこがましいのだが、客観的な見方ができなくなるのが、親子である。そんな時は、第三者の意見が役立つかもしれない。

時間は有限だからこそ、親自身がどのように人生の時間を遣いたいか、目標をハッキリさせ、子育てや家のことだけに時間を消耗されないようにしてはどうか。

親は子との会話を通して、社会を見せ、生き様や人間性をいかんなく見せることで、子が「自己」を自覚する手助けをすれば、それだけでいいのではないだろうか。そのための、親子の会話の時間を、どう捻出していくのかが鍵なのだ。

親は自分の暮らしの目指すところ、「やりたいこと」を持つ。そうすれば、子育てや家のことにかかりきりになれないし、また、どれだけの時間をかけたらいいのか、考えが変わってくるはずだ。

私は40代の終わりに、スウェーデンにホームステイをした。ホストファミリーは60代の共働き夫婦で、子どもは3人いて、ひとりは近所に、2人は少し離れたところで暮らしている。子育てを終え、老いた親の面倒も引き受けていた。私の印象に残ったのは、この夫婦が目の前の「家事」や仕事、忙しい雑事だけに時間を消費しない姿勢だった。

ある休日の一日、彼らの息子がやって来た。散歩しながら３人でいろいろな話をするのだが、その時間は数時間に及んだ。会話の詳しい内容までは分からないが、話す表情や声、時間の経過が、睦まじい親子関係を示していた。夫婦と彼らの息子の交流を見ていると、話をする時間、意見を交わし合い、状況や心情を語り合う時間こそが、子育てだと思わせられた。

すでに子どもたちは巣立っていたから、リアルタイムで幼い頃の子育てを見たわけではない。しかし、目の前の光景はまさに、子が幼い頃、親が子を見守ってきた時間を映しているのだろうと、感慨深かった。子育てとは子どもとの対話であり、子どもの自覚を促すような親の見守りではないか、と思った。

子は親の所有物ではない。人格を持つれっきとしたひとりの人間で、家族の構成員でもある。ここを親は間違いがちだ。子を一人前にしようと、あれこれ手を出してやる前に、自分が一人前かどうか、シッカリと自覚したいものである。そして、その手を休めてでも、お互いの話をする時間を作り出すことが必要なのではないだろうか。

暮らしの技術、遣う時間は刻んで

不思議に思うのは、世間ではなぜこんなにも多くの時間が、「家事」に遣われているのかということだ。

調理は内容にもよるのでちょっと別だが、他の「家事」に費やす時間は、ほんの少しあればこと足りると、自分で実践してきて、ずっと思っている。「家事」に費やす時間が長いせいで、「家事ストレス」を感じている人まいるという。私には、理解できない。

家のことに多くの時間を消費しなければならないのは、「溜めてから」行動しているからではないだろうか？

溜めるのは、例えば、汚れ、洗濯物、片づけるモノなど。それらをまとめてやろうとするから多くの時間が必要になる。溜めるのは、お金だけでよい。

暮らしを始末していくなら、あらゆることを溜めずに、ちょこちょこと技術を遣い、時間も刻んで、細切れにして行う。そうすれば「家事」に費やす時間もグンと減るし、ストレスもなくなる。

例えば掃除機をかける作業も、狭いスペース、キッチンだけなどに限れば、数分で終わる。一度に家中すべてにかけようとするから、分単位では収まらず、時間単位でかかってしまう。その割には、ホコリはすぐに溜まるので、達成感も僅かになり、ガックリするのではないだろうか。

切り替えよう！

隙間の時間があれば、階段「だけ」掃除、隅「だけ」掃除、隙間「だけ」掃除をする、というように、3〜5分でできる技術を遣って、時間を刻むといい。シンクを擦《こす》る、洗面器を擦る、浴室の水滴を拭く、チラシを片づける、郵便物を片づける、テーブルの上を片づける、タオルを洗濯する、Tシャツを洗濯するなど、暮らしの技術は分割すればいくらでも細かくできて、そのひとつひとつにかける時間も細かくできる。まとまった時間を遣わなくてもすむのだ。

もし少しさぼって時間が空き、汚れや片づけ、洗濯物が山盛りになったら、今度は時間を少し長くして制限する。例えば30分だけ、1時間だけに限り、汚れを落とし、片づけをする。時間が足りずに洗濯物が残ったなら、その時は次に回す。意識的に、限った時間だけを遣う。

要するに完璧、完全、徹底を目指すのではなく、時間を刻むか、暮らしの技術を分割するかして、細かくしてみる。すると、「やりたいこと」を中心に時間を遣った残りの暮らしの隙間時間にも、それらを入れ込むことができて、意外に暮らしは、快適、スッキリ、心地よく回っていくものだ。

暮らしが回らなければ、気持ちも沈みがちになる。上手く時間を遣って効率よく回すためには、刻んで、分割して、区切って遣っていく、わが家流の時間遣いを編み出してみてはいかがだろうか。

暮らしの営みにキリはないから、完璧などを求めるのはやめたほうがよい。暮らしの技術を追求するのが好きなら別だが……。どちらのタイプにするかは、あなた次第だ。

こうして暮らしの技術にかける時間を短縮できれば、目指す「やりたいこと」に、思う存分時間を遣えるはずだ。

マンネリ化した時間遣いをやめてみる

一日は24時間。どんなことがあっても、どこにいてなにをしていても、この有限な時間は変わらない。変化するのは、時間を遣う私たちのほうだ。

私たちは、「限りある時間を遣っている」という自覚があるだろうか。

もしかしたら、時間が有限だと気が付いていても、「これまで習慣化してきたことだから」「いつもやっていることだから」などと考えて、マンネリ化した時間の遣い方をしていないだろうか。

わが家のご近所の方は、雨の日以外は決まって毎朝8時半過ぎになると、ドッサリの洗濯物をベランダに干し始める。最初は気にも留めていなかった私も、さすがに来る日も来る日も洗濯物を干す姿を見かけると、一体どれほどの大家族暮らしなのだろうかと、不思議に思った。それで注意深く見ると、どうも大家族でもなさそう、子どもが独立して夫婦二人のようなのだ。

洗濯はマンネリ化していると思われる。百歩譲って、綺麗好きと考えても、度が過ぎている。酷暑の水不足でもお構いなしの様子なのだから、やっぱりマンネリ化、とくに考えもなく続けている習慣なのだろう。時間も水ももったいない！　と私は思ってしまうのだが、もしかすると彼女にとってその行為は、自分の存在意義を確認するような時間なのかもしれない。

実は別の私の友人も、毎日7時半には、セッセと洗濯をして、30分後には干し終えている。一日くらい休んでもよさそうなのに、そうではない。まるで、洗濯を義務と課しているようだ。彼女も子どもは独立していて、夫婦二人暮らし。家のことにそれほど時間を遣うなんて、なんともったいない！と私は常々思っているのだが、彼女にしてみると、習慣化したことを今更変えるわけにはいかないらしい。そういいながら、次は網戸掃除、押し入れの整理などと、日々小まめに動いている。「家事優等生」である。

もちろん掃除を始めとした家のことは、長時間やらずにおけば、汚れが溜まり、モノが滞り、洗濯物の山が築かれる。そうではあるが、洗濯など機械がするのだから、隙間時間でもできるはず。掃除が好きなら、自動で動く掃除機を動かしていればすむ。

もっと自分の「やりたいこと」を見つけ、そのために時間を遣ってはどうかと思うのだ。有限な時間を、家のためだけに遣うのはやめて、家のことのほうを、ついでの時間にやってしまえばいいと、私は思うのだが。

一度、習慣にしている「家事」をやめてみた時、どうなるかを試してみてはどうだろうか。マンネリになっている時間遣い、家のことをする頻度を見直してみるのだ。「洗濯物の山がここまで積み上がってから洗濯をする」とか。すると思いのほか、ほかのことに遣える時間が増えることに気付くのではと思う。と、要らぬお節介かもしれないが。

人生の先が見えてくる年齢である。

家のことに時間を遣うのも大いに結構だが、そろそろ自分のためにも時間を遣い始めないと、時間切れになってしまうかもしれないのだ。見直して変化させるなら、今のうちである。

時間を有効に遣う。が、時間目いっぱいではない

仕事の予定や人と会う予定なら、ほとんどの人が費やす時間を「いつからいつまで」と計っていると思う。ところが料理、片づけなどは、どうだろうか？　計らない人、計れない人が多いのではないだろうか。

私の家には時計が6個ある。お風呂場には防水の時計、洗面所、キッチン、仕事机の脇、寝室、居室に、小さな時計を置いて、いつでも時間を計れるようにしているのだ。

最初は○時までに、と心に決めて時間内で終わらせようと思っていても、「ついでにここも」「ちょっと、ここまでは」「完璧に」と、横道に逸れたり、微に細に入り込んだりする。すると、予定していた時間をオーバーしてしまう。作業スピードだって常に一定であればいいのだが、人のすることは、いつもそう同じとは限らない。

1時間内に終えようとの計算であれば、目指すは50分で仕上げることである。目いっぱいまで時間を遣わず、5分でも10分でも余りを残すことで、時間も身体も、ちょっと一息、余裕ができる。時間の余裕は、気持ちのゆとりともいえる。時間いっぱいに遣ってしまうと、その気持ちが焦りへと変わったり、時間に追われるような感覚になったりする。これは、気分的によくない。

有効に時間を遣うというと、時間目いっぱい、ギリギリの時間まで作業を詰め込むような印象を持たれるかもしれないが、そうではない。少し余裕を残して時間を遣うことを指す。

こうしたゆとりは、ことを運ぶスピード、完成度、仕上がり度などにまで影響する。いつもセカセカと追われるように忙しく、慌ただしくことを運び過ぎると、過ちが起きた時に対処する時間的ゆとり、気分的ゆとりすら生み出せない。ゆとりを持った時間遣いを考えることで、ことが上手くいかなくても、臨機応変に対処できるのだ。セカセカしがちな時こそ、気持ちを落ち着かせて、運んでいきたい。

それは例えば、待ち合わせの時間を読むときにも通じる。余裕を持って読むか、ギリギリで読むかで、ゆとりある時間遣いをする人かどうかが分かる。5分ぐらいの遅刻はまだいいのだが、いつも平気で10分、20分と遅刻するのは、相手に対しても失礼だ。時間遣いは気遣いでもあると、考えたほうがいいのではないだろうか。

「家事」や仕事に限らず、どんなことに当たる時も時間のゆとりを持つことは、人生の豊かさでもあると私には思える。

「やりたいこと」に時間を遣う時もまた、目いっぱいギリギリまでではなく、ゆとりを持ってみてほしい。

誰もが「人生の後半で、余裕やゆとりを持つのが理想（若い時には、忙しくて、余裕がなくて当たり前）」と考えるようなのだが、本当にそれでいいのだろうか。40代、50代、若い人たちには、ぜひ、ゆとりある時間遣いをしてほしいと願う。わずか、5分、10分のゆとりだが、あるとないのとでは、大きく違う。塵も積もれば山になるの如しである。

かくいう私は、常にバタバタ人生であった。だからこそ自戒も含めて、若い人に伝えたい。

楽しい付き合いの時間を持つ

時は止まることなく１秒単位で進み続ける。人生に二度同じ時間が流れることはない。だが日々が、同じ繰り返しであるように感じてしまうのは、なぜだろうか。同じと勘違いしているだけなのか。

年齢を重ねて仕事や子育てが一段落し、慌ただしかった時間が遥かに遠くなって、時間を自分のためにだけ遣えるようになると、急にひとりだけ取り残されたような気持ちになることがある。実際に取り残されているわけでもないのに、静かで平穏な日々に意味もなく不安になったり、焦ったりするのだ。

例えば、慌ただしい時間を送っていた時には、自分の時間が減るようで惜しみ、煩わしさを避けるように友人からの誘いすら断り、最低限の付き合いしかしてこなかった。

しかし、ゆとりができたからか、気持ちに余裕が生じたからか、否、寂しさゆえか、付き合いを懐かしむ気持ちを持つようになる。

といっても、自分優先の時間遣いには、変わりない。こんな時の付き合いは、誰でも彼でもというわけではない。行く先の限りある時間のなかで、有効な時間遣いを推定し、付き合いを考える、ということなのだ。

これまでは、仕事関係の付き合いなどが中心だった。幅広く、自分とは考えの異なる相手とも付き合った。だが、時間は待ったなしなのだから、つまらないことに時間を遣っている暇はない。これからは楽しい付き合いを第一にして、お腹が痛くなるほど笑い転げる時間、面白い時間、新しい発見ができる愉快な時間にしたい。

だが、そうした縁はそこらに転がっているわけではない。若い頃と違って、誘われる回数も減ってくる。

ならば、誘ってみようではないか。

久しぶりの人、昔お世話になった人、会っておきたい人、気になる人など、これまで縁が少なかった人を誘ってみてはどうだろう。もしかしたらとっても楽しい付き合い時間が生まれるかもしれない。

もちろん、楽しくない時間になることもある。楽しくなければ、「これも冥途の土産」と思えばいい。これから先の付き合い時間が、すべて楽しいとは限らない。高齢になった人とは、なおさらだ。健康のこと、孫のこと、趣味のことなど、話す内容がお決まりになってくることが多いから、それほど期待もできないのだが……。

それらを覚悟で、誘ってみてはどうだろう。ひょっとして、本当の「冥途の土産付き合い」ができるかもしれない。

勤め帰りのついで時間を有効に

勤め帰りは、一日が終わった安堵感を持つ時間。週末ともなると、同僚とちょっとカフェでおしゃべり、といったこともあるかもしれない。気の休まる時間だ。

勤め帰りの道順は、どうしているだろう。勤めに行く時と同じ道順を、帰りにも通っているだろうか。もし道順が変えられるなら、変えてみると、この帰りの時間を、有効に遣えるかもしれない。行きがけは、仕事が頭を占めているだろうから帰りがけがいい。

帰り道のついで、ほんの30分弱の時間のことだ。ついでの買い物、ついでの読書、ついでのコーヒー、ついでの考えごとなど30分でできることはたくさんある。ボーッとしてスマホなどを見ていてはもったいない。

私のついで時間は、もっぱら買い物に充てている。時には、ATMでの振り込みをすることにも遣っているが。

勤め帰りの時間は遅いのが常だが、まだスーパーも開いているから、ほんの15分くらいの時間を遣って買い物をする。ついで買いだから、あれこれ迷っている余裕はない。次の電車に乗るまでの時間を遣うから、仕事場を出た途端、買うものを決めている。

例えば、明日調理したいと思っている料理の不足材料や、猫の缶詰、トイレ砂、メモ用の文具、夜食用の豆腐や蒲鉾などといったものだが、電車の発車時刻までの時間で、ちょこちょこっと買う。

こんなふうについで時間を活用している。この15～30分くらいの時間が、貴重なのだ。ついで時間を遣うか遣わないかで、自分のために有効に遣える時間も大きく違ってくる。

細切れの10分15分は僅かな時間だが、僅かな時間も「塵も積もれば山」なのだ。ほんのちょっと、という見過ごしがちな時間も、大事にしたい。

人生時間が下りに入ったあたりから、時間はどんどん貴重になっていくのだと思う。ついで時間も無駄にしないで遣っていこう。

親を介護する時間について考える

子どもを一人前に育て上げ、あるいは仕事や暮らしも安定して、「やれやれ、これからは私の時間が増える」と思うのが、50～60代頃だろうか。人生の折り返し地点は過ぎているが、「やりたいこと」はまだまだあるし、やっと自分のために思いっきり時間が遣えるはず、と期待する時だ。

ところが、ほっと一息、先々も平穏に暮らせるとも言い切れない。特に親のことは、知らんふりをしているわけにはいかない。自分の親だけではない。連れ合いの親も忘れてはなるまい。

親は、「あなたたちに迷惑をかけないから、大丈夫よ」と、口にする。だが心底の思いは大きく違って「できるだけ面倒を見てほしい」が、本音だと思う。

親はなぜこうも、子どもに対して本音と建て前を上手く使い分けられるのか？　私はいつも不思議なのだが、本音を言って弱みと受け取られるのが嫌なのだろうか？　親の威厳を保つことを大事に考えてきたような人には、とかくそんな傾向が見受けられると思っている。

また、私が最もいぶかしく考えるのは、「迷惑をかけない」という言葉だ。どういったことを指して、「迷惑」と言っているのだろう。

人は生きる時、どんな時も誰かしらに、ほんの些細でも、迷惑をかけながら生きているものだ。孤島で自給自足の暮らしをしているなら、迷惑はかけない、と言い得るかもしれない。しかし現代の暮らしでは、どこに暮らしていても、隣同士、ご近所同士、お互いに補い合い助け合って、多少の迷惑をかけ合いながら暮らしを成り立たせているのではないだろうか。

とくに親子であれば、迷惑のひとつ、ふたつは互いにかけ合うのは当たり前ではないか。

おそらく親は、自分でも予測不可能で不安に思うようなことについて、「迷惑をかけたくない」と言っているのではないだろうか。齢をとって身体、精神、経済などの自立が次第に難しくなり、暮らしが思うように成り立たなくなってきた時、いわゆる介護が必要となった時の様々な不安を、親は「迷惑」と言っているのだ。

しかし実際に、親は迷惑をかけずにいることができるだろうか。また、その迷惑に対して、子どもは目をつぶることができるだろうか。私は、それはできないだろうと思う。お互いが、最も身近な、迷惑をかけ合える存在だからである。

それなら「迷惑をかけない」ではなく、あらかじめ「迷惑をかけるから、こうしてほしい」という、プランを話し合っておくべきなのではないか。

年齢を重ねた時の状態には、個人差がある。要介護の段階にも個人差は大きく、いろいろなケースがあるとは思うが、例えば○○の時にはこれ、また△△ではあれなどと、様々なケースに合わせたプランを、親子が一緒にあらかじめ考え、前もって必要なお金、労働力、時間などを予測しておくのがいいのではないだろうか。

先のことは、誰にも不明である。予測不明なことにプランは立てられない、と思うかもしれないが、いざ親の介護が必要となった時に、自分が遣う時間は、思っているほど少なくはない。

前もって、親の介護のために消費するかもしれない時間を計り、備えておくことは、人生の持ち時間を有効に遣うことにも繋がる。また、誰もが必ず老いるのだから、親のためでもあるが、自分の行く先、自分のためにもなる。

親の介護を、楽しんでできるかどうか。それは、準備と心の持ちよう次第である。前向きにとらえて、親と子が互いに気持ちよく介護暮らしができるように考える時間を作ってはいかがだろうか。

自立して暮らすには技術が必要

現在、私は猫と一緒に暮らしている。猫年齢18歳。猫の一生では、第五のステージだ。猫とは彼女の第一ステージ、私の第四人生時間から一緒である。猫との暮らしから学ぶことは、生き物としての本能と技術を持つことが、生きる上、いや暮らす上で必要であるということだ。

例えば、狩猟。第三ステージの頃の彼女は野性気質をみなぎらせていた。私と彼女の住居のある場所は大都会で、自然などとはまったく縁遠い地である。にもかかわらず、雀やヤモリの狩猟は幾度となく繰り返した。その狩猟の見事さといったら、猫の本能と技術そのものであった。

老猫に至るまで、自立した暮らしを見ることができた。とくに見事と感心するのは、気温を察知して居場所を変える術である。冬の寒い季節、春先の水ぬるむ頃、そして真夏の暑い盛りと、まるで気温を計っているかのように、居場所を移動して暮らしている。ヒト科ヒト属である私は、寒いといえば暖房、暑くなっては冷房の世話になっているが、猫はそうしたものにほとんど頼らずに居場所を探して変える。

食事についても、その内容は意のままにはならないのだが、量は腹八分目と決め、排泄の後始末は必ずして、身づくろいは適当だが定期的に行う。身体機能の衰えにしたがって、次第に睡眠時間を増やし、体力を保ち続けている。これは正に自立した暮らし、と私には映る。

こうして猫と暮らしてみると、私も暮らしを自立させる技術を持たねば、と思う。

暮らしの技術を持つのは、男女、老若、地域、身分などにはまったく関係がない。誰もが持つのだ。暮らしとは、生きていくことだからだ。

しかし、ほとんどの人は、勘違いしていると思う。働くことや学ぶことが優先され、暮らしは添えもの程度にしか見ていない。これは間違っている。暮らしが前提であり、暮らしの一部に、働くこと、学ぶことなどが含まれるのだ。自分の手で暮らしが成り立たせられないのに、働く、学ぶなど、到底成立しない。

暮らす＝一生を、生きる。

生きるためには、まずは食事をしなければならない。健康を維持するために住まいを整え、季節に合わせて衣類を清潔にする。また、人生時間のそれぞれで変化する身の回りのモノを片づけて整理する必要もある。暮らしは連続している。暮らしを維持していくには、その技術の習得が欠かせない。

だがどうしたわけか、社会は古い性別役割分担意識に根強く覆われていて、残念ながら、女性にこそ暮らす技術の習得と実行を、とされがちだ。しかしそれでは、男女共に働き、子育てして生き抜けない。新興国の人たちとの競争にも負けてしまう時代だ。

暮らしを上手くコントロールして生き抜くためには、性別役割分担意識など捨て、誰もが食、住、衣、整理に関する技術を持つ必要がある。それが自立した暮らしへと繋がり、社会の力を強くする。自分の一生の終盤期にも大いに役立つことを、間違わないでほしい。

暮らしの技術、侮るなかれ！

「『家事』なんて女の仕事。外で働く男がするものじゃない」「仕事が第一、『家事』などやってられない」「男子厨房に入らず。『家事』は女子に任せる」「大事な息子に、『家事』なんてさせられない」「『家事』や育児なんてしないのが、男らしさだ」「母親なら、子どものために手をかけるのが当たり前」

昔はもちろんだが、現代でも、暮らしの技術＝「家事」を侮る男性は、多くいると思われる。その証拠に、「家事労働」時間が妻に偏る、妻の「ワンオペ」現象は依然解消されない。

根底には、「仕事に比べれば、『家事』は取るに足らないこと」と、「家事」を侮るような考えを、昔からみんなが持っているからではないかと私は思っているが、あなたは、どう考えているだろうか。

しかし、「家事」＝暮らしの技術を、軽く考えてはいけない。

その理由は、「家事」はどんな仕事にも通じるような段取りで構成されるからだ。「仕事ができる」と評価される人は、仕事の運び方や進め方が上手く、スピードも速く進める「段取り上手」であることが多い。

「家事」も同様だ。「家事」はとめどなく生まれる作業で、段取りを間違うとたちまち作業が渋滞したり、失敗したりする。段取りがモノをいう作業が詰まっているから、段取り上手は、「家事」の進行も早く、暮らし運びも上手い、というわけだ。「家事」の段取りは、覚えて損はない。嫌わず、興味を持ち、面白がって身に付ければ、きっと仕事にも役立つこと間違いなしだ。

「『家事』は男の自分がすることではない」などと侮っている人たちは、快適、綺麗、清潔、順調な状態がどのように保たれているか、本当に自分でそれが維持できるのか、考えたことがないのではないだろうか。少しでも自分で手を動かしてみれば、その段取りの多さに驚くはずだ。

暮らしを取り巻く環境は日々変化していく。だから侮ったり、人任せにしたり、誰かに完全に頼り切って暮らしていると、変化にスムーズに対応することができずに、暮らしが停滞したり、行き詰まったり、心身が不調になるといった事態が発生し、暮らし自体がギクシャクする結果となる。

ひとりでも食事をし、清潔な衣類を着て、部屋を片づけ、ゴミ始末をして、仕事をしなければならない。そうした日々を送るのが、暮らしであり生きることなのだから。

暮らしの技術を侮らず、人任せにせずに、身の丈に合った内容や形で身に付けておくべきだ。といって、完全な技術を身に付ける必要はない。誰もが覚えられ、継続できるような簡単な技術を身に付ければよいだけだ。

「家事」に精通していた作家の幸田露伴を育てた母・猷《ゆう》は、次のように語ったと、露伴の娘・文は記述している。

「家事というものは行く河の流れと同じで、絶え間もなく続き、渋滞すればたちまち膨張氾濫するから、何事をおいても先《ま》ずこれを一埒《いちらつ》さっとかたづける。果て知らずという性質をもったのが家事だから、われからくぎって規矩《きく》(=規則)にはめなくてはならぬ」

この考えを持ち、猷は子どもも規則を担う一員として役割を与えたので、露伴は「家事」に精通したし、娘の文にも一通りの技術を教え込んだという。

明治生まれの猷は、男女をうんぬんする前に、人として身に付けるべきことがあるとの考えを持った、能力ある人だったのだと思う。

身体は機械。動かなくなる時が必ずくる

人の身体は、機械と同様である。違うのは、まだまだ解明されていないところが多いこと。例えば脳の発達や機能は、徐々に解明されているが、すべて分かっているわけではない。年齢を重ねた時に、脳内に溜まる物質についても、ようやくその一部が判明したに過ぎない。

人の身体は、精密機械なのである。機械ゆえに、故障も起こすし、止まる。部品欠損などもあるに違いない。長く使用し続けていれば、あるいは使用法によっては、いつ、どんな時、どんな場所で、動かなくなったり、故障したりしても不思議はない。前もってそれがいつ起きるか分かったらいいのだが、予兆を感知することができなければ、それは、知りえない。

健康診断を欠かさずに受けることが、前もって不調を知る唯一の手立てで、

第一歩。身体には、ほんの少しずつではあるが変化があるはずだ。

私は、変化の兆しが目立ってあるとすれば、第四の人生時間あたりなのではないかと睨んでいる。この頃を境に、身体機能は徐々に衰えをみせ、鈍くなっていく。脳の変化もあるのではないだろうか。

身体機能が動かなくなる時を想定して、時間を遣っていくことだ。やり残していることはないか、やり忘れていることはないか、片づけ残していることはないかなど、身の回りを整理、片づけて、動かなくなる時に備えることにも遣っていきたい。

人は、いつまでも変わらずに、同じ状態でいられるわけではない。動かなくなる時が、必ずくる。

その時がいつ来てもいいように、残り時間は有効に遣うことだ。ダラダラと過ごすのではない。自分のために遣うのはもちろん、後の人たちのために、少しでも伝え繋ぐ、引き継ぐなど、できることがあるはずだ。

いきなり身体の機能が停止するわけではないから、私も第五の人生時間になったら、身辺整理をして、伝えることは、シッカリと家族、親族などに伝えていこうと思う。

暮らしの技術を手離す時

人は老いて病にかかり、そしていつか死が訪れる。人生を終える時だ。第五の人生時間の終盤には、足が上手に運べなくなったり、重いモノが持てなくなったり、高い所に手が届かなくなったりなど、身体の動きが鈍くなってくるはずだ。すると、ただ暮らしているだけで転倒する、モノを落とす、つまずく、ひっくり返す、といった危険が起きてくる。悪い場合には、身体に障害が残ることとすらある。

こうした老いの状態になって、それまでの「暮らしの技術」を使えるだろうか。私は難しいと考えている。身体機能が十分なうちはまだしも、動きづらくなった時は、重いフライパンは持てないだろうし、鍋に入った煮物を揺さぶることも、高い所のモノを出し入れすることもできないだろう。

老いを迎えつつあると自覚したら、少しずつ技術を手離していけばいいと思っているし、現に、手離した技術もある。それでもなんとか暮らしを成り立たせていくためには、その前に、「暮らしの技術」を減らしても暮らせるように準備しておかねばならないと思う。

手離す技術はなにか。

おそらく最初に手離す技術が、住まいを整えて清潔にする技術かもしれない。だが、そうはいっても、ある程度整理されたほどほど清潔な住まいに暮らしたい。

ほどほどの住まいで暮らすには、老いが来る前の第四の人生時間の終わりくらいに、片づけの技術を駆使して、安全、安心な住まいにしておくことだ。高い所や床の上などにあったモノを片づけ、整理して少しのモノだけで暮らせるようにする。ここが肝心だ。その上で、手が届かない所の清掃には目をつぶり、場合によっては他人に任せることでもいい。なにもすべて清潔にせずともよいはずだ。

手離す技術がある一方で、手離せない技術もある。調理をするのが難しくなったからといって、日々、コンビニ、デパ地下、外食などに頼ればいいいかというと、それでは経済的な負担が増して、継続するのは相当難しいはず。切る、和える、煮る、焼くといった程度で充分だから、ほどほどの調理技術は最後まで手離さないでおきたい。もちろん時々は調理済み惣菜に頼りながらでいい。

衣類のケアは、元々洗濯機が汚れを落としてくれるので、干すのさえ室内にしておけば（室内環境にもよるとは思うが）、天候にも左右されず、難しくない。

老いて来ると、衣類に付着する汚れも少なくなるので、洗濯回数も減ってくる。衣類のケアは、おのずと手離し気味になると思う。

そして、第五の人生時間の最後の最後になったら、すべての「暮らしの技術」は手離していいと思っている。身の丈にあった施設暮らし、あるいは家族との同居、ヘルパーさんなどを動員して自宅でのひとり暮らし、などなど、「暮らしの技術」を手離して、他人に身の回りを整えてもらう道はいろいろだが、どれを選んでも自分らしい暮らしができるといいと考えている。

技術を子に伝授する時間

生きていればどうしたって汚れは溜まり、モノは増えて、そのままにすれば足の踏み場はなくなって、快適、スッキリ、心地よい暮らしの確保は難しい。そうした難しさを解消するために、身に付けるのが「暮らしの技術」である。

とくに調理の技術は、楽しく、美味しいので習得しがいもあるが、他の技術は後始末的な要素が多く、楽しんで積極的に取り組んでいきたくなるような技術とは言い難い。それも人によるのだが、とくに男性にとっては、消極的になる技術のようだ。小さい頃から習慣化され、身に付けてしまえばなんてことはないのだが、人生の後半、退職後から初めて身に付けようとすると、それまでの経験が大いに邪魔をして、習得の楽しさを阻害するらしい。

新聞の読者投稿欄で、「家を出た息子　思わぬもてなし」という記事を読んだ。その内容である。

〝地方で大学生になり、ひとり暮らしを始めた息子を夫婦で訪ねた。そこで私が見たのは、冷蔵庫に食材、引き出しには調味料がいっぱいで、毎日自炊し、お弁当まで作っている様子。その日は外食するつもりだったが、息子がチャーハンを作ってもてなしてくれた。帰り道、夫に「数週間で成長したね」と言うと、夫は「元々できる力は持っていたんだよ。使う機会がなかっただけだよ」と。この言葉に私はハッとして、「そうだ、私は可愛さのあまり、すべてのことをやってしまっていた。まさに、自己満足だ」。私も少しずつ子離れしようと思った〟とあった。

先回りして子育てをしてきた親の心情はよく分かるが、親がなにもかもやってしまったら、子の成長は望めなくなる。暮らしの技術も埋もれ、結果として子が困ることとなる。

投稿者の如く、とかく親は「子のため」と言いながら、自分の満足のために先回りしてすることが多いのではないだろうか。これでは結果として、子が育たない。子の成長に合わせ、段階をいくつも踏んで、親の持っている暮らしの技術を伝えていかなければならない。一度に伝えられるものではないから、ひとつずつ、少しずつ。調理は、生きるための最も基本的な技術で、これだけを伝えるにしても、相当な時間がかかる。

「鉄は熱いうちに」だ。子どもに興味を持たせるところから始めるといい。最初は興味など持たないかもしれないが、子育ての基本は、なにかしらの興味を持たせることにあると、私は思う。食に興味を持つように、野菜を育てる、動物を飼ってみる、道具を買いに行ってみるなど、発端を見つけてあげるようにして、徐々に、調理技術へと広げていくことだ。

いきなり、切る、煮るなどはとても無理だ。もっと関心の輪を広げ、キャンプをする、釣りをする、海岸で潮干狩りをするといった「遊び」から導入していくことでもいいと思う。

親も楽しくなければ、子にもその気持ちが伝わってしまうことになりかねない。親も楽しみながら、子への伝授ができれば理想的である。

暮らしの技術は、家庭によって違いがある。他人と違った伝授法でも、わが家流でよい。子の意志を尊重しながら、親子共に楽しんでみることだ。

第 2 章

「家事ストレス」など溜めない

どんなストレスも溜めない

「帰宅したら、床にうっすらとホコリが……、ああ〜一昨日掃除したばかりなのに……」

「キッチンに洗い物が。私だって疲れているのに！」

「お風呂場って、一体、なんでこんなに早くヌルヌルしてくるの？　いい加減にして、やっていられない！」

「洗濯物たたんで、って言ってるのに、どうしてグズグズしているの？　サッサとたたんで仕舞ってよ！」

できることなら目をつぶってしまいたい、家のこと。

一度終えても、いつの間にかまた汚れや洗い物が溜まり、繰り返し繰り返しやってきてキリがないし、といって放り出して手を掛けないでいると、ますます溜まってしまう。家族に言っても捗らないからイライラするし、夫に頼めば嫌な顔をされるし、子どもに頼んでもいつになったらでき上がるか……。「自分がやったほうが早い」と、つい手出ししてしまう。

こんなストレスを、なんとかしたい！　と、「家事」をこなしてきた人は皆、思っている。ストレスに感じるだけならまだしも、「家事」をひとりで効率よく回せない自分を、「ああ、ダメな奴だ」などと責めてしまうと大変だ。しかも潔癖な人ほど、自分を責める傾向にあると思う。

そうならないよう、「家事ストレス」、どう回避したらいいのだろう。

ズバリ、考え方を変え、行動を変化させることに尽きる。「家事」とは、暮らしの技術、生きるための技術である。算数の足し算ができるのと、同じことなのだ。わが家の暮らし運びを簡単にしていけば、暮らしの技術も簡単になり、効率も効果もアップしていく。暮らしの技術を簡素にしさえすれば、自分自身にストレスなど向けず、「家事ストレス」を溜めずにすむのだ。

暮らしの技術を身に付けて、ラクな一生

暮らしの技術＝生きる技術である。

最も大切なのは、人は生きるために、地球で食べて暮らすということ。食べるために狩りをし、稲を育て収穫し、魚を捕り、動物を飼い、そうして子孫を残して暮らしてきた。

食べるために獲物を獲っても、解体し調理して口に運ぶまでの技術がなければ、人は生きることはできない。火を起こし、火種を絶やさずにおく技術がなければ、肉を焼くこともできない。こうした生きる技術は、長い歴史の中で代々引き継がれて進歩した。

今や、自分で狩りをせずとも、食料品はスーパーで手に入る。スイッチ一つで火が付くし、煙も出さずに肉が焼ける。様々に進歩した技術の恩恵を利用して暮らしているが、しかし調理する技術は身に付けねばならない。

暮らしの技術というと大袈裟だが、「家事の技」である。洗う、切る、煮る、焼くといった、調理の技も、洗濯機を使って衣類を洗い、干し、たたむという衣類ケア技も、モノを出したら仕舞う技、不要なゴミを廃棄する片づけ技、ホコリを除去し、床を拭く清掃の技もある。

暮らしの技術を身に付けずして、人は生きられない。未熟な技でもあるとないとでは大違いだ。健康体の若い時は、技なしでもなんとかなる。しかし、問題は、歳を経て、収入がわずかになる時だ。技なしでは、経済的負担は大きくなり、どうにもならない。しかし言い換えると、技を身に付けておけば、経済的余裕なしでもどうとでもなる。それほどに、暮らしの技術は一生を通して、身に付けておきたい技というわけである。

身に付ける間には、確かに「家事ストレス」を感じる時もあるだろう。だが、それは、「さらりと流し」、より多くの技を身に付けておくほうが、老いて経済的余裕の乏しくなった時に、大いに役立つ。身に付けた技術で、人生の終盤を、気楽に面白く生きたいものである。

暮らしに完璧はない

玄関は靴が整然と揃えられ、室内は隅々まで掃除が行き届き、家族の着るものにはピシッと糊の利いたアイロンが掛けられ、日々目先を変えた献立の食事を作り、シンクや洗面、浴室などには水垢ひとつない。

こんな暮らしを整えられる人が「家事上手」なのだと思っていないだろうか？

とんでもない！

私は「家事探訪」すべく、世界のあちこちでホームステイを重ねてきたが、どこのお宅を探しても、そんな「家事上手」の方にお目にかかったことがない。また、お目にかかりたいとも思っていない。

家のことを完璧にこなそうとすると、家族の力だけでは成り立たない。手伝う人が複数必要だ。それは大富豪、王族のような人だけに可能な暮らしである。この国でも、家のことを手伝う人がいたり、家の構造が簡単で使用するモノも少なくて、管理がたやすい時代があった。その頃ならいざ知らず、現代の暮らしの環境は大きく変化している。

最も大きな変化は、両親が共に働いていることだ。働く人と家にいる人とが別だった時代は、家にいる人が主に「家事」を司っていたので、ある程度取りこぼしなく、暮らしは回っていた。しかし現代は、家にジッといる人などおらず、ほとんどの人が働いている。

こうした現代社会であるにもかかわらず、暮らしを司る「家事」にだけ、昔と同じような完璧さを求め続けているのはなぜなのだろうか。

「良妻賢母」の志向なのではないか。

個人を尊重し、個性を育てていこう、という時代が来ているのに、時代遅れも甚だしい、と私は思う。女性だけを対象に「家事」を完璧にこなす＝良き妻、賢い母と評価するというのは変だ。そんなことで評価されたくはない。

「家事」＝暮らしの技術は、広範で複雑な終わりなき作業の連続である。それをこうした志向に閉じ込め、完璧を求める傾向こそが、「家事ストレス」を生み出している。完璧など手離してしまい、評価など気にしないことだ。

・出来なかったことに落ち込まない。
・目をつぶる「家事」があっていい。
・こうしておけば、ああしたら良かったなどと後悔しない。
・時間がない時は、終わった振りをしていい。
・「夫がやらない」と愚痴らない。
・「子どもが動かない」と嘆かない。

自分らしい暮らしのリズムを貫けばいいのだ。それより、ストレスを抱えるほうが、よほど暮らしへの影響が大きく、ことと場合によっては、病へと繋がっていくことにもなりかねない。

そう、「家事」は割り切っていい。もちろん、完璧などあろうはずなし！こうして考え方を変えて、「ほどほど」「まあまあ」「そこそこ」の作業が終了すれば、ストレスなど溜まらない。

完璧にやろうとせず、時間が許す限り、家族と一緒の人生を愉快に、楽しく、面白く過ごしたほうが、よほど暮らしは充実すると思う。

失敗を糧にする

「家事」がストレスだという人のなかには、「家事」がヘタ、「家事」が苦手、という人もいるだろう。

何事にも失敗は付きものだ。一度も失敗したことのない人などいない。まして作業が中心となる「家事」で、失敗しないことなどあろうはずがない。

私など、年中、失敗している。

例えば、調理でウッカリして鍋を焦がす。何度焦がしたことか、そのたびに自分の間抜けさに嫌気がさすが、めげずに鍋を磨いて回復させる方策を編み出して、失敗を糧にしている。

そうなのだ。失敗をそのままにすると、めげて落ち込み、ストレスへと繋がる。が、失敗は糧にできるのだ。

そもそも「家事」をする時、完璧に、あるいは上手くやろうとすると、失敗を恐れたり臆病になったりする。すると、新しいことや難しいことに手が出せず、同じことの繰り返しとなり、新発見にも結び付いていかない。

暮らしを取り巻く環境は刻一刻と変化しているし、歳を重ねれば重ねるほど身体も気力も衰えるから、「家事」の軽減、省略が必要となってくる。そのためには新技術を取り入れたり、開発したりしなければならない。

労力を減らして効率よく作業するためにも、暮らしの変化を楽しむためにも、新しい暮らしの技術にチャレンジする気持ちが要る。だから失敗を恐れずに、たとえ失敗してもそれを糧にして、新しい方法を編み出してみてはどうか。

人によっては、失敗を引きずってしまうこともあるだろう。失敗を繰り返してしまうこともある。そうした時、気持ちを切り替えたくとも、失敗自体を忘れることは、なかなかできそうにない。

では、どうすればいいのか。失敗の原因を分析すればいい。どこで、なぜ、どうして失敗したのかを辿るわけだ。その原因が分かれば、それを繰り返さなければ、同じ失敗は起こさずにすむ。

失敗を恐れてストレスの素にするのではなく、失敗から学んで糧にする、ここが大事ではないだろうか。

自分流リズムで暮らそう

暮らし方は、人それぞれ。1000人いれば、1000通りの暮らしがある。「こう暮らせば完璧」といったベストな暮らしや、暮らしの手本など、どこにも存在しない。自分の暮らしたいように、暮らせばいいのだ。

暮らしたいように暮らす、とは、具体的にどういうことか。それは、心地よい暮らしのリズムを作る、と言い換えてもよい。

例えば、朝○時に起きる、起きたら○○をする、昼は○○をして、夜はゆっくり○○を楽しみ、○時に就寝。といったリズム＝決まりを持つことだ。このリズムを自分流に心地よいものにすればいい。自分流とは、自分、家族などの行動に合わせるということ。

同居する家族がいるとしたら、自分だけではなく、家族のリズムも合わせなければ、暮らしはバラバラ、ギクシャクした無駄の多い暮らしとなる。家族とはしっかり擦り合わせて、リズムを取らなければならない。

一番大事なことは、起床と就寝のリズムが合っていることかもしれない。自分は夜型、家族は朝型というのでは、どちらかの負担が大きくなり、ストレスが溜まりやすい。これは、家族の働き方にもよる。お互いが朝からの仕事ならば問題はないが、家族は朝、自分は夕方というのでは、生活のリズムが大きく違って、ストレスとなりやすい。もし自分も朝にできるのなら、擦り合わせて同じリズムにしたほうが、ストレスは少なくなる。

暮らしのリズムとは、動物でいえば、日々の行動生態のようなものだろうか。動物のリズムはほぼ決まっている。例えば猫は夜型で、行動は主に夜。早朝6時頃に食事し、昼はほぼ寝ている。

私の例を挙げれば、朝8時30分〜9時に起床してコーヒーを淹れる。10時頃より書きもの仕事、12時過ぎに昼食準備とシャワー、13時過ぎに昼食、14時から昼寝、16時40分には仕事に出かける。ついでに生ごみを出し、深夜0時に帰宅して一杯、1時過ぎに就寝する。こんな夜型リズムを刻んでいる。

ここに家のことをするリズムが加わるのだが、それも大した内容ではない。シャワー後の後始末、昼のキッチンの片づけと後始末、この2つの「家事」だけは、日々欠かさずに組み込んでいるが、衣類の洗濯は1・5週に1回、ホコリ除去の掃除は2週に1回、寝具の手入れは季節ごとの入れ替えで、リサイクルごみの始末は2週に1回、といった程度だ。

そうなのだ。家のことをする頻度は、多くないほうがストレスが溜まらない。毎日あれもこれもとやろうとするから、できなかった時にストレスになる。無理がない最低限のリズムでやれば、ストレスフリーになる。

私は昔から夜型だったので、「家事」はそのリズムでできることしか、組み込んでいなかった。あとは時間のある時に、適当にしていたにすぎない。いつだって時間は有限なのだから、仕方ないと割り切っている。

動きやすい時間に動く

人は動物と一緒の生き物。その人の動きやすい、行動時間があるはず。大雑把に言えば、朝型、昼型、夜型、今では深夜型といった行動をしている人もいるかもしれない。自分がどの型の行動を取っているかを知り、動きやすい時を掴んでおくと、自分らしい暮らしのリズムができてくる。

私は、子どもの頃から、夜型であった。夜は遅くまで起きていられるが、朝は眠くて仕方がない。通学していた時は大変で、年中遅刻していた。

大人になってもその習慣が消えず、週1回講師をしていた時は8時45分からの授業だったので、私にとっては正に地獄のようだった。フリーランス・ライターとして働いた時は、常に昼以降から取材することにし、夜に原稿執筆の時間を充てていた。現在でも、週1回、朝から仕事を抱えているが、前日の夜は「朝、起きられないのではないか」という恐怖心に駆られながら、眠りにつく有様である。

私が子ども時代をおくった戦後は、誰もが朝早くに起きて日中行動し、夜は寝るのが一般的だったから、どこの家でも夜10時過ぎには消灯していたと思う。この暮らしリズムの延長線上に、「家事」はあった。だから、わが家では、起きたら掃除して（父が）、綺麗になったところで朝食、そして各々が勤めや学校に行き、午前に洗濯（母が）などしていた。

しかし、現在は社会が大きく変化した。もうこれまでのように、誰もが朝起きて同じように「家事」をすべき、という時代ではない。自分の動きやすいリズムで「家事」をすることになんの問題もないし、一番ストレスを溜めにくいと私は考えている。

私は夜型だから、大きな音が出ない新聞、書類の整理などは夜に、音が出る掃除機を使った掃除や洗濯は夕方にすることが多い。

一生はあっという間に終わる。常識に縛られて皆と同じ時間に「家事」をしたり、「家事」に多くの時間を消費していた時代とは違う。自分が目指す目標、目的、趣味などに時間を遣いたい。

ただ、家のことを運ぶための暮らす技術が身に付いていないのに、そのほかにばかりのめり込んでいては、大変なことになる。いい例が私の母である。母は調理と洗濯はこなしたが、整理、掃除は父が受け持つ「家事分担制」を取っていた。父が亡くなってから、掃除は少ししていたようだが、自分の趣味に熱中まっしぐらで、家じゅうがその道具・材料などのモノで溢れた。整理ができず、窓も開けられないほど荷物が積み上がり、さらにエアコン操作ができなかったため、緊急熱中症で救急搬送となり、死の一歩手前で生還したのだった。

「家事」に時間を消費しすぎないようにしたい、といっても母のように部分的にしかできなかったり、命の危険に繋がるほど、家のことをおろそかにするのはどうかと思う。

私が言いたいのは、暮らす技術を駆使して短い一生を有意義に過ごそう、「家事」以外に目を向けて、ストレスを発散しよう！　ということだ。

気乗りしない時は「家事」をしない

「家事はやめてはならぬ作業」と、考えてはいないだろうか。

たしかに四六時中、「家事」は待ったなし。雨が降っても、風が吹いても、ちょっと「家事」がストップすれば、たちまち洗濯物の山が築かれ、部屋の隅にはホコリの山ができ、冷蔵庫は空っぽ状態に陥る。

だが、「家事」をするのは人である。人は生き物、日々、いろいろなことが起きて当たり前だ。

「超疲れた」「1秒も時間の余裕がない」「子どもの世話で手一杯」「仕事でちょっと失敗して憂鬱」「寒暖差が大きくて体調が悪い」などなど、「家事」に手が出せない、気分が乗らない、「家事」がうっとうしい時だって、あって当然だ。

こうした時でも、「朝ご飯、ちゃんと作って、その間に洗濯機を回して、床にモップをかけて……『家事』、やらねば！」と思ってしまうから、悲しい。「家事」に囚われ、縛られ、自分を追い立てて、「家事ストレス」が溜まる。そしてそれを遂行できないと、「自分はダメな奴だ」とますます凹んだりする。

全然、ダメではない。

気持ちの切り替えが下手、考えが後ろ向きなだけなのだ。

こんな場合、『「家事」をしなくていい』と、思い切って考えを変えたほうがいい。どうせこんな時に「家事」を進めても、グズグズと捗らないだけだ。それよりキッパリ、スッキリ、やらないのが一番だ。もっと自分を労わってあげることだ。少しくらい、「家事」に目をつぶってもバチなど当たらない。

もちろん「家事」の手を止めたことで、さらに自分を責めたり、凹んだりしてはいけない。買い物に外出する、映画を観る、図書館に行く、街をブラブラする、海辺を散歩する、気になるレストランで食事する、公園で読書する……なんでもいい。とにかく「家事」から離れて、別のことをしてみよう。そうして、気分が切り替わったら、再開すればいいのだから。

メリハリを利かせないと、「家事ストレス」に囚われてしまう。自分の気持ちをシッカリ見つめれば、いつ「家事」を休みたいか分かるはずだ。

暮らしは自分のもので、誰のものでもない。自分流に考えればいいのだ。自分の暮らしなのだから、少しくらい休んだって、やめたって、どうということはない。気分が乗らない、体調が思わしくない、とても疲れているなど、誰にだって波がある。気持ちに休養を取って、身体に栄養を摂って、ゆっくりすれば、また、元気になれるのだから。

真面目な人ほど、ストレスを溜めがちだ。暮らしをストレスにしてしまっては、どうにもならない。たかが「家事」ごときにそんなに真剣にならなくても、暮らしは続くし、回っていく。気持ちにちょっと余裕を持たせたほうがいい。

「家事」は5分で「ま、いっか」

「家事ストレス」を溜めない、そのための「家事」にかける時間は、どう考えたらいいだろうか。

知り合いが暮れの換気扇掃除について、話してくれたことがある。

「新築マンションに越して5年目。暮れに、初めての換気扇掃除をした。ところが網フィルターの目が詰まり、なにをやっても落ちない。頭にきて、専用洗剤と道具を買いに走り、再度挑戦。一日中、換気扇網フィルターと格闘して、少し汚れは残ったが、なんとかなった。でも、精根尽きて、夕食作るのが嫌になり、外食する始末だった。もう、金輪際、換気扇掃除はしたくないから、油を使う料理は一切やめた」

年の暮れに換気扇と浴室の汚れをまとめて大掃除する人は多い。消耗度が激しく、疲労困憊になる「二大家事」だ。彼女のように、油を使う調理をやめれば、換気扇掃除の必要はなくなり、金輪際手間はかからない。それもひとつの手かもしれない。

でも私は、油を使う料理をやめられない。だからといって、換気扇をまめに掃除するなんてこともできっこない。

そこで考えたのが、暮れではなく夏に掃除する簡単な方法だ。気温・水温が高く油が落ちやすい夏に、汚れを緩ませて落とすのだ。

洗剤液に浸した網フィルターをベランダに出しておくと、日光の熱で油汚れが緩み、落ちやすくなる。それを擦って落とす。あとは洗って乾かし、セットする。

この方法に変更してからおよそ10年くらいは、年1回の掃除で、汚れ落としの効果が十分に得られていた。ところが悲しいかな、ここ数年、夏の気温は上がり続け、熱中症の危険さえある。年齢のせいもあるのだろうが、ちょうど適した掃除の日程が読めなくなり、できなくなった。

グズグズしているうちに、汚れ油の雫が垂れてきた。これはいかん！　悩んだ挙句、換気扇掃除を外注することにした。冬に依頼してみたのだが、プロの技であっという間にスッカリ綺麗になった。感激であった。

だが、外注ばかりしてはいられない。負担が大きくなった他の場所の掃除も同じようにすべて外注できたら、とてもラクでストレスも溜まらないだろうが、経済的負担が大きくなり過ぎて、私の暮らしには相応しくない。

「面倒な家事」、「好きになれない家事」は、つい溜めて、まとめがちだ。だがやはり、そんな「家事」ほど溜めるのはやめたほうがよさそうだ。

「家事」にかける時間はごく短いほうが、負担感も少なく、気分的にラクだ。完璧を求めず、「ま、いっか」程度の、ほどほどの効果で充分だ。

1回5分ほどの時間が丁度良い。それ以上時間を取られると、嫌になってくるし、効果も思ったほど上がらない。

「好きになれない家事」は、人によって違う。

私は、「嫌」ということはないのだが、とくに掃除は、時間がもったいないので、5分と決めている。汚れが残っていたとしても、5分で切り上げる。妹は家に来るたび「ホコリだらけじゃん」と言い続ける。だが、私が自分で決めたこと、まったく気にしていない。

ハレとケを使い分けてストレス回避

疲れて帰った時に、床にホコリが溜まっているのを発見すると、それがストレスとなる、という人がいた。

これは、家のスペースをどう使えばいいか？　という問題と繫がっていると思う。

家じゅうを居場所にすると、モノは散らかり、汚れは溜まり、どこから手を付けたらいいか迷う。そのままにすれば、ストレスが溜まってしまう。

私の場合、1カ所でもスカーッとした場所、モノが少ない場所があると、少しストレスが減るように思う。たとえそこにホコリが溜まっていても。

ハレとケという言葉を、ご存知だろうか。

ハレはもちろん、晴れがましい特別のことを意味し、ケは反対に日常、日々のことをいう。現代の居住空間では、ハレとケを分けることが、なかなか難しい。広ければ、部屋の役割を別にすることで、ハレとケが分けられる。だが、ひと間やふた間しかない家でハレ、ケは分けづらい。家族で住む比較的広い住居であっても、「リビング&ダイニング」などの用途を兼ねた間取りでは、ハレとケを分けづらい。

それでもなぜ、ハレとケが必要か？　それは空間を分けて意識することで、「家事の目をつぶってもいい場所」を作れるからだ。すべてが丸見えの状態では、いつも整えていなければならず、その分、気持ちが張ることになる。

気にしなくていい場所があり、気遣いが要らない場所があると、気分的な負担が減ってストレスが回避できる。

昔の家は、ケの茶の間、ハレの座敷が区別されていた。茶の間はいつも家族がいる空間だったので、散らかっていようがテーブルにモノが載っていようがお構いなしの場所だった。しかし座敷は、お客様を通す場所ゆえに、整然とさせていなければならない。区別してハレの場所のみ整理、掃除を行き届かせるだけで、ことはすんでいた。今は別空間にする発想がないか、あるいは空間が確保できないからか、常に全体を整理、掃除せねばならず、気配りも大変だ。

私はハレとケの住み分けは日本だけのことだと考えていたが、そうではなかった。ヨーロッパのどこの家でも、ハレとケがちゃんとあって、汚れてもいい場所、汚さない場所が区別されていた。

欧米では日本の茶の間に当たるのはキッチン＆ダイニング、座敷に当たるのはリビングと、キチンと住み分けられていた。キッチン＆ダイニングは普段の家族スペースだから、雑然として散らかり、そのおかげで気が緩まる場所になっていたし、リビングは人を招くためのスペースだから、整っていた。ゆとりのある家では、他に客用ダイニングが備わっていた。日本では、それも座敷で併用していたと考えられる。

ハレとケを区別することで、普段使うスペースを頻繁に整えることなく過ごせるのは、気分的にもゆとりが持てる。このゆとりがストレスフリーへと繋がるのではないか。

目についたあれもこれもを片づけなければ……と迫られるような気持ちで、その都度身体を動かしていれば、結局、時間的な余裕も失っていく。ゆとりを持って楽しく、面白く過ごしたいのに、いつも目くじらを立てて暮らすことにもなりかねない。

狭い家でも、ハレとケは区別できる。

例えば、リビングのテーブルの上は、モノを載せないハレの空間に、ベッド周りはケの空間として、自由にモノを置いたりするなど、小さなスペースに区切って考えると、ストレスも軽くなるのではないだろうか。

省技術のしくみを作る

性格にもよるとは思うのだが、私は、「家事の手間」を省いて、省時間にさせたいタイプだ。

ひと手間かければ美味しくなる、と分かっている調理にだけは手間を惜しみたくはないが、調理の後始末には、大いに手を抜きたいほうである。だからそこにはいろいろと省技術のしくみ（言い換えると、ついで技術）を駆使している。

例えば、食後の食器洗いのついでに、シンクを洗う。食器用網タワシで食器を洗い、すぐに、シンク用網タワシでシンクをひと擦り。これで、食後の始末とシンクの掃除は終わりである。使用後の網タワシは、所定の場所に吊るして置く。別の時にわざわざシンクを洗ったり、磨いたりすることはしていない。

他には、朝起きたら窓を開ける。冬のひどく寒い日は窓を開ける気分ではないこともあるが、冬以外の季節には必ず窓開けをする（231頁参照）。

起きて動いた時に、ホコリが舞う。その舞ったホコリを窓から排出させ、掃除機をかける手間を減らすのだ。これについては、以前に実験してみた。窓開けをした時としなかった時のホコリの溜まり具合を比較した。圧倒的に、窓開けしたときの溜まり具合が少なかった。この手を使わないのはもったいない、とセッセと窓を開けている。

ただ、冬のホコリ対策となると難しい。第一、冬の衣類はホコリが出やすい。寒くて窓開けをしたくない、動きたくない、など嫌なことが重なる季節でもある。こんな時は目をつぶるしかない。その分、他の季節に窓開けをしている。梅雨の時期とて、小雨くらいなら窓を開けている。

私の例はそんなふうだが、それぞれの暮らしで、可能な省技術を見つけてみてはいかがだろうか。自分が今している方法を、まず見直してみる。そして省家事、省ストレス、省労力、省エネなどになりそうな、省けることを略してやってみる。すると、略しても問題のないことがだんだん分かってくる。それを自分流のしくみとして続けてみる。続いていければそのまま、続けられなければまた見直してみればいい。

同じことを続けるのではなく、新たにして、発見する。これが自分らしい暮らしを作ることになる。

やってみてダメなら、別の方法を探せばいい。不満があるのにそのまま続けていれば、ストレスは溜まるばかり。新発見でストレスフリーになるよう、チャレンジしてみよう！

第 3 章

人生に寄り添うモノを選んで片づける

モノと付き合う

モノとどう付き合い、片づけるかは、一生に関わる問題だ。モノがなければ調理もできないし、ゆっくりと安眠すらできない。

モノは必要だ。しかし適所に適量にありさえすればよく、過分には要らない。そう誰もが分かっていると思うが、どうしてかいつの時代も、モノが増えて始末しきれず、その山に埋もれるようにして暮らす人は多い。

白装束で歩く死後の旅には、多くのモノを持っては行けない。だから最後の始末までを視野に入れて片づけをしておかなければならないのだが、人生の終盤になると、体力や気力が低下してやる気が失せてしまうのか、片づけは放置されがちだ。そして、残された者が行う後始末ほど大変なことはない。

人生の終盤はまだまだ先、なんて思っていると、うっかり時は進み、片づけの機会を逃すことになる。人生の後半に差し掛かったなと思ったら、これから先の人生に寄り添うモノだけを選び、片づけ始めるといい。

体力や気力が低下してからでは、片づけのためにかえって多くの時間を消費せねばならないだろう。人生の残り時間を、自分らしく目いっぱい有効に消費していくためにも、身体が動くうち、気力があるうちに、ある程度の始末をしておきたいのだ。

そうして自分の暮らしに寄り添うモノを選び、片づけることで、これまでの人生を振り返ることもできる。そしてこれから先、どんな「やりたいこと」のために時間を遣うのか、考えるきっかけにもなるはずだ。

人生時間で必要なモノは変化する

私が考える人生時間は、5つある（21頁参照）。そして、その5段階の時間ごとに必要なモノは違っている。

例えば第一の人生時間である幼少から大人に成長する段階で持つモノは、学びや遊びに関するモノが主であろう。机、本棚、書籍また習い事に関係するモノやおもちゃである。それらは成長とともに必要でなくなったり、用を終えるモノだ（ただ将棋界の若きエース・藤井聡太君のように、幼き時から目指す場所1点を見ていた若者は、その業界に関係するモノを持ち続けているかもしれないが）。

人生時間が変化すると、必需品は変わる。それなのに、片づけ方が分からない、面倒だから片づけないなどの理由でモノをそのままにして持ち続けているから、モノが溢れてくるのではないだろうか。

幼かった子どももいずれは大人となり、家を出てひとり立ちする。それまで子どもが使用していたモノは、どうしているだろう。もしかしたら、そのままでは？　子がひとり立ちする時には必ず、子ども自身にどう片づけるかを判断させ、必要なら持たせることだ。モノを残された時には、スペース代を受け取ることだ。ひとり立ちしなくても、子どもの部屋に収まりきらないほどモノが溢れてきた時には、子どもに処分をさせる。これが、人生時間の変化に合わせた片づけだ。

人生時間の変化は、4回やって来る。変化を片づけのチャンスと捉え、それまで使用していたモノを見直すことだ。これから先のステージで使用するかどうか、見直すのだ。

実は私は、第三の人生時間に移行する時、このチャンスを逃した。時間に追われ、ろくに見直さずに移ってしまった。これが失敗であった。その後の第四の人生時間で、大変な片づけが必要になったからだ。

60代半ばになって握力低下や体形変化などの老いを実感すると、それまで持っていたモノでは、暮らしにくくなっていた。60代半ばでそうなのだから、できればその前に、片づけを終えるのが理想だ。

それで、私はそれこそ5年ほどの時間をかけて片づけをした。しかしそれで終わったわけではなかった。最終ステージに向けて、70代初めでもう一度、見直しをする羽目となったのだ。

自分の人生時間のステージが変化したり、あるいは連れ合いに先立たれたり、離別するなどといった変化があれば、それまで使用してきたモノを見直す片づけが必要である。自分で見直さずに亡くなったら、誰が後始末をするだろう。誰であってもそれは膨大な作業で、時間も労力も金銭もかかる。自分の人生は、自分で始末するしかない。家族にはその人生と、モノの要・不要が分かるわけではないからだ。

体力・気力の低下を感じ、この先の人生時間が見通せるようになる頃、第四の人生時間の終わりまでには、振り返りの片づけを終えていたいものである。

先の人生時間を見据えてモノを厳選

人生のステージごとに必要なモノは変化するし、どのステージでも適したモノを使用しなければ、暮らしは満足というわけにはいかない。

とはいえ「必要であるから」と、材質、形、大きさ、使い勝手、デザイン、仕舞いやすさ、価格などを考慮も吟味もせずに、選んでいいのだろうか。

ひらめき、直観、ファッション、人にすすめられたといったことで安直に選んでしまったモノは、長く使えるか、と問われると自信がない。しつこいほど、吟味、考慮、厳選して選び取ったモノは、使用感がよく飽きもこなくて、人生のステージを超えて一生付き合っていられる存在になると、私は思う。

とくに、食に関するモノは、そうした傾向が強いように思う。例えば、包丁。私の場合、第三の人生時間のハイライト期に、人との付き合いが盛んで、わが家への人の出入りも多くなり、調理頻度も増加傾向にあった。調理道具の基本である包丁は、前の人生時間に選んだモノ。その頃は調理回数も少なく、選び方も吟味したとは言い難い。おざなりに選んだ包丁は、調理回数が多くなると切れ味、形、大きさなど、その良し悪しが気になるようになり、満足いかなくなった。厳選しないと、調理自体に不都合、不便、不手際が起こる。

そこで、先の人生時間を見据えて選び直した。形、材質、大きさ、重さ、使い勝手などをトコトン吟味して選んだ。すると、面白いことに、スイスイ調理が捗り、楽しく、身体の負担も少なくなったのを実感した。

これは私が体験したほんの一例だが、暮らしを支え、技術を駆使する時、モノが要る。そのモノを安易に選んでしまい、使い勝手が悪かったからと眠らせてしまってはもったいないし、そうした必要なモノが眠ったままスペースを塞いでも、片づけは大変になる。これは、包丁だけのことではない。書籍が好きだからといって、図書館へ行けばいいのに、次々にネットで取り寄せて積読していては、スペースが足りなくなり、足の踏み場もなくなって、ついには片づけにも手が付けられない始末となる。

どんなモノでも手に入れる前に、必要か否か、3度は吟味することだ。3度繰り返し吟味した結果、必要と判断したなら、次は購入のために厳選する。必要なモノには、使用の目的が明確にある。その目的に適しているかどうかだ。形、材質、大きさ、重さ、使い勝手、デザイン、出し入れのしやすさ、価格、そしていつか手離す時の廃棄方法までも、考慮する。すべてが満点ではなくとも、ほぼ70点以上であれば、使用目的に適ったモノと言え、購入対象となる。ここまで厳選するためには、モノをあらゆる角度から観察する選択眼を養っておかなければならない。

選択眼は、暮らしに対しての自分なりの姿勢＝「暮らしの眼」とでも言うべきものだ。選択眼は、幼い時から年月をかけて養われている。自分の育った家庭はもちろん、親戚、友人、知人など多くの暮らしを見て、経験して、培われていくのだと思う。

安直にモノを選び、モノを増やし、片づけの手間を増やすより、厳選した必要なモノを手元に置く、ここが片づけでは肝心なのである。

モノと付き合うルール

私たちは、どれだけのモノと付き合っているだろう。

厳選したモノだけで暮らしているつもりでも、持っている数は多い。スッキリと暮らしたいと思い続けながら、なぜ、そうはならないのか。理想だけを追いかけて、現実にモノの付き合いを見直していないか、モノと付き合うという考えがない、ということではないだろうか。

え、モノって付き合う存在だったの？　と思うかもしれない。実はそうなのだ。もっと丁寧な付き合いをしなければ、モノはそのよさを発揮してくれない。スッキリと暮らしたいのなら、便利さだけに目を向けるのではなく、モノと付き合うルールを持つことだ。

モノと付き合うには、自分の暮らしのスタイルを決めたい。例えば、「仕事中心のスタイルだから、家は快適に休める空間がいい」「人との付き合いを大事にしたいから、家に人を呼んで食事を楽しみたい」「自然豊かなところで、ゆっくり草花と過ごしたい」など、望むスタイルは、人によりそれぞれ。すると、モノの置き場所や優先度、処分の基準が見えてくるはずだ。どう暮らしたいかによって、モノとの付き合いも変わってくる。

しかし、いずれの暮らしスタイルであっても共通するルールもある。それは次の点だ。

・**過去より今が大事**

先ほど自分の望む暮らしスタイルについて考えたが、それはすべて、「今の暮らし」を中心にしたスタイルである。「過去のスタイル」と違っていい。大事なのは、過去より、今の時点でのモノとの付き合いなのである。もちろん「今」もまた刻一刻と動く。ここが肝心、暮らしは動いているのだ。

・**今使用するモノの内容・種類**

暮らしは変化し続ける。「今」使用するモノと、丁寧に付き合いたい。例えば、オーブンレンジ。人付き合いの多かった時は、お菓子やケーキを焼いた。でも今は電子レンジ機能だけがあれば十分なはず。今の暮らしで使用するモノの内容・種類を、キチンと確かめてみる。使用していないモノがあれば、今後も付き合い続けるかどうか、判断することだ。暮らしが変化するたびに、チェックが要る。

・適量はどれほど？

モノと付き合う時、その適量を決めないと、付き合えない。それは、モノの使用頻度とも大いに関係がある。毎日使用、週1回、月1回、年1回など、モノによって使う頻度は違う。例えばキッチン用洗剤は、毎日、毎食使うから、使用頻度は高い、といったように。一つ一つのモノの使用頻度から、適量を把握しておくことが必要。

・スペースはあるか？

モノには、必ず置き場所が要る。置くスペースがないのにモノを購入すれば、当然、取りあえず仮置き、床置きなどとなり、モノが溢れたり、取り出しにくくなったり、持っていることを忘れたり……といったことになる。これではせっかくのモノを活用できない。購入前に必ず、置き場所を確保しておくことだ。

・備蓄は最小限に

災害の時にトイレットペーパーがないと困る。いつ訪れるともしれない災害に備える備蓄品類だが、そのためにストックを多くすると、スペース確保が大変になる。広い屋敷なら困らないだろうが、都会の小さな家では考えものだ。備蓄したモノとの付き合いも忘れたくない。スペースと相談の上、最小限にしておきたい。

・取り出しやすく、仕舞いやすく

モノとの付き合いで肝心なのが、シッカリと活かしきることだ。奥に仕舞い込んで、付き合い忘れることはよくある。以前お邪魔したお宅に、大型物置が2つもあった。どちらの物置にも、入り口にモノが置かれ、奥にはなにがあるのか、持ち主たちにも不明であった。せっかくスペースがあっても、モノをすべて把握できなければ、使用しているとはいえない。それは、賢いモノとの付き合い方ではない。把握しきれる量を、把握できる置き方で保管して、使いやすい状態にすることだ。

・モノは適所に

モノを活用するためには、使用する適所に配置するべきだ。例えば身体を拭くタオルが押し入れに入っていたりすると、入浴のたびに、取り出す手間がかかる。準備を忘れると最悪だから、やっぱり脱衣所近くに置いたほうがいい。モノは適所に配置して、いつどんな時でも取り出しやすく、仕舞いやすくするのが基本となる。

キッチンで使うモノは、キッチンに収まり、衣類はクローゼットやタンスに、書籍はデスク周りや本棚に、趣味の道具も自室やモノ入れに、といったように、モノは、それを使用する場所の近くが適所となる。

こんなふうにして、暮らしに必要なモノとわが家との付き合いルールを決めるといい。家族がバラバラと好き勝手にモノを購入し、使った後、好き勝手な場所に置きっぱなしにしたら、収拾が付かなくなる。

モノは歩けず、口もきけない。モノと付き合うルールを持って、モノを活かし、片づけたい。

スッキリ片づけの7ステップ

スッキリと片づける具体的な方法を紹介する。実に簡単な方法だから、いつでもこのステップを踏んで片づけをすれば、家じゅうがスッキリと片づくことになる。逆にこれをやらなければ、ずっと、ゴチャゴチャな暮らしのままになる。

・ステップ1　片づけ場所を決める

あっちもこっちも、片づけたいのは分かる。だがまずは1カ所、場所を決めよう。これまで片づけをやってこなかった人が、いきなり大きな場所、押し入れなどから始めるのは、無謀というもの。片づけ初心者は、小さなスペースから始める。キッチンの引き出し1段、洗面台の小さな棚、本棚1段、あるいは、おもちゃ箱1個、段ボール1つ、薬箱、書類ケース、アルバム1冊分、などからだ。小さなスペースから始めると、達成感と満足感がすぐに得られる。成果が上がれば、勢いがついて片づけのスピードもアップしやすくなる。

単純に片づけと言うが、片づけは判断や決断を伴う作業で、かなり根気が要る。一度片づけたからといって、それで終わりでもない。暮らしが続く以上、片づけは続いていく。片づけの手順をシッカリと身に付けるためにも、まずは小さな範囲から無理せずスタートして、徐々に範囲を広げていくことをすすめる。

・ステップ２　中のモノをすべて取り出す

スペースの半分にしようなどと思わずに、中のモノをすべて取り出す。出しながら考えたり、収納場所を移したりせず、とりあえず全部出す。どのくらいどんなモノが出てくるのか分からないので、出したモノを広げるスペースも確保しておきたい。モノを出した後は、ついでに収納場所の手入れをする。引き出しなら、固く絞った台布巾で隅までしっかり拭く。棚なら、マイクロファイバークロスで、ホコリを吸着させて取り除き、必要なら水拭きする。こうしてモノが入っている時にはできない手入れをすませておこう。

・ステップ３　今、あるいはこれから必要か否かで、モノを分類する

今使用中のモノか、だけでなく、これから先も使用するかどうか、ここが肝心である。今使っていなくても、これから先の暮らしで要るかもしれないからだ。といって本当の暮らしは、その時になってみないと分からないこともある。最終的には使用しなかった、ということだってある。だから、想像する暮らしの「先」は、10年くらいでいいと思う。それより先は、見通すのが難しいからだ。10年先くらいまで必要かどうかを判断したい。

迷った時は、次の項目で3つチェックがついたら、不必要と判断しよう。それでも迷ったら、「とりあえずコーナー」を用意してそこへ入れ、1カ月後に再度チェック、を繰り返して、次第に使用するモノを絞り込んでいく。

- 5年間、全く使用していない
- 機能・デザインが古くなった
- 散々使用して修理が必要だが、修理にはお金がかかり過ぎる
- 存在すら忘れていた
- 思い出のモノだが、未練や物語はない
- 未来の時間に必要なさそう

片づけの難関は、この決断である。最初はなかなか決断できないが、片づけを重ねているうちに次第に慣れて、できるようになってくる。もし、決断に迷うモノがあれば、チェック項目を大いに利用して、決断する力を身に付けるようにしていきたい。

・ステップ４　基準を作って分類する

使用するモノを選び取ったら、それらを基準に合わせて分類する。基準は、わが家の基準でよい。例えば、毎日使用、週一使用など、使用頻度で分類してもよいし、形状や大きさ別に分類してもよい。暮らしの中で各々が使用しやすいように分ければいいのであって、細かくても大雑把でも、好きなように基準を考えて作る。

基準をシッカリ作っておくと、日常的にモノを分類して収納したり、モノを元のスペースに戻したりしやすくなる。基準に合わないモノが混じっているとすぐに気づき、しばらく片づけていないことも分かってくる。基準があれば、人生時間が変わったり、暮らしが変化するたびにする片づけが、ずいぶんラクになるはずだ。

・ステップ5　モノの指定席を決める

基準を作って分類したら、モノの指定席を決める。指定席は、使用頻度に合わせて決めるのがいい。使用頻度が少ないのに、特等席を占領させてはもったいない。使用頻度の高い順に、指定席を決めていこう。例えば食器棚の場合、立ったまま両腕を出して上下45度（合わせて90度）の範囲は、見やすく、取り出しやすく、仕舞いやすい。そこを使用頻度の高いモノの指定席にするといい。それより高いスペースは、軽いモノ、足元は重いモノの指定席にすると、モノが落ちても心配ない。また引き出しなどは、使用頻度の高いモノの指定席を手前に、低いモノを奥にするといい。

第四の人生時間以降は、上、奥に置いたモノを忘れがちになる。そんな時には、上、奥をモノの指定席にすること自体を諦めるのも、方法のひとつである。

・ステップ6　指定席にモノを収納する

すべてのモノの指定席が決まったら、モノを収める。ただ、モノが収まりきらない場合も出て来るはず。その時は、前のステップに戻ろう。分類を変えたり、指定席を変えたりする。そうして試行錯誤して、収めていくのが収納である。雑誌などで見る例と違っていても、あくまで「わが家流」、自分がスッキリと感じられれば、ＯＫである。

・ステップ7　人生時間、暮らし、体型が変わったら片づけを

暮らしが変化しているのに、モノとの付き合い方を見直さないのは、暮らしからモノを置き去りにしているのと同じことだ。必要のないモノ、使用していないモノに気が付いたら、すぐに片づけをしたい。

もうひとつ、片づけのきっかけになるのが、体型の変化だ。体型が変化しているのに、着られない衣服を後生大事にしているのは、いかがなものか。

暮らしでも体型でも、変化するのは、暮らしのリズムや暮らし方が変化し続けているからだ。それに気が付かず、モノを見直さないのは、モノとの付き合いを、おろそかにしていることだ。

どんなモノも、資源、エネルギー、労力から生産されている。モノをおろそかにしているのは、そうした資源やエネルギーをおろそかにしていることにも等しい。モノを大切にすることは、環境を配慮する姿勢に繋がる。

そして、さらにもうひとつ。必要なモノだけを片付いた状態で持っていると、自分の時間も有効に遣える。使いたいモノを探したり、見つからないからと余計に買ったりすることもない。先々の暮らしをラクにするのだ。

自分が選んだモノは、片づけを繰り返し、活用し続けていきたい。

片づけが苦手な理由を見つける

「片づけは苦手」という人は多いようだ。では、片づけは、どういった暮らしの目的でする作業なのか？　考えたことはあるだろうか。実際、なにがそんなに苦手なのだろう。甚だ疑問に思えるところもある。

私は、1日24時間、週7日、この制限ある時間を上手く遣いたい。自分の本当に好きなこと、やりたいことに没頭する時間を作り出すためにとくに効果的なのが片づけ時間を短縮することだ。

24時間の内訳を考えると、普通、睡眠時間と勤務時間が最も多く必要で、それ以外は「自由時間」、「家事時間」などに消費されるようだが、なかでも

「家事時間」は30代家族の場合で、1日平均4〜5時間というのだから驚く。この「家事」に関わる時間がもっと短縮できれば、自由時間、子どもと過ごす、夫婦で過ごす、趣味に費やす時間などが増加することは間違いない。

現在、「家事」を担う人は、いくつもの役割を抱えることが多い。昔と違うのはここだ。昔は家のことを担う人は、外の仕事を持たないことが多かったから、家のことをひとりで担って当たり前という社会の意識があった。だが現代は、そうはいかない。仕事の責任を持ち、社会人として活躍しながら、その上、家のことを担うとしたら……。家族のひとり、しかも女性が担うことなど、絶対無理だ。

他の家族は、なにをしているのだろうか？　暮らしを回すことが「家事」なのだから、家族全員で担うべきで、ひとりにかかるような「家事負担」は短縮すべき、と私は思う。

さて、「家事」のなにを短縮するか、だ。

これは、片づけが一番手っ取り早い。とにかく、家族の中で特定の人だけが「家事」に関わる時間を、グンと減らすことが目的だ。もちろん、片づけたい人は別だ。自分で背負えばいい。だが、今、家のことをひとりで抱え、「家事時間」を減らしたいと考えている人は、家族にシェアすべきだ。シェアすることで、「家事時間」は1日2時間ほどに減らすのを目指してはどうだろうか？

日々発生する片づけ作業は多い。寝具を片づける、洗濯物を片づける、調理器具を片づける、食器を片づける、新聞や学校からの書類を片づける、掃除道具を片づける、靴を片づける、などなど……。

使用するモノ、使用したモノを片づけるのが、片づけ作業だ。モノを出しっぱなしにしたり、使ったまま放置すれば室内は乱雑となり、足の踏み場がなくなり、気持ちまで荒んでしまいそうになる。安全に生活したり、気持ちを荒ませないため、スッキリと片づけるには、当然、モノは指定席に戻し、そこから使用し、再び戻す。この繰り返しが、暮らしだ。

片づけをシェアするということは、まずは、家族が使用したモノは家族自身が片づけるということ。これをルールとする。

例えば、洗濯した服を自分のタンスに仕舞う。洗面で使用した石けんや歯ブラシは使用者が元の位置に戻す、自分の食べ終わった食器はシンクに運んで洗う（年齢にもよるが、小学校４年生以上対象のルールにしていいのでは）。当たり前だが、自分が遊んだパソコン、タブレットなども、遊んだ人が片づける。

本人が片づけない時、すぐに誰かが手を出して片づけてしまうことが多い。本人が片づけない以上、絶対に手を出さないルールにしておくことも、肝心だ。ついつい「家事」を主に担う人が手を出してしまうから、「家事時間」が増え、自分の時間は減って、「家事ストレス」へとまっしぐらとなる。ここはこらえて、手を出すのをやめよう！

家族共有のモノ、例えば調理器具、新聞や雑誌、テレビやエアコンのリモコンなどは、家のことを主に担う人の責任としては、どうだろうか？

片づけが苦手な理由は、自分ひとりで延々と片づけているからではないだろうか。１日は24時間。時間を自分の好きなことに遣うために、「家事時間」を減らす、という目的意識を持てば、変えられるのではないだろうか。

「使って戻す」に不自由を感じたら

ハッキリ言うと、片づけとは「使ったモノを元の場所に戻す」、これを繰り返すだけの作業だ。そんな単純な作業なのに、なぜ、こんなにも人を悩ませたり、難しく捉えられたりするのか。

それは、年齢を経て暮らしが変わるたび、使うモノが変化するたびに、収納場所も変える必要があったのに、その見直しをしてこなかったからだ。ここに片づけの鍵がある。

私の実家の例で言うと、私たち姉妹が独立した時、暮らしが変化した。両親だけの暮らしなのだから、もっとモノを減らして、自分たちが使うモノだけを、使って戻しやすい場所に整えればよかった。

しかし両親ともに還暦を過ぎており、気力、体力が追い付かなかったのだろう。見えるところの本棚などは少し片づけたものの、押し入れ、納戸などへ仕舞ったモノには、そのまま手も触れようとはしなかった。目に見えるところを少々片づけたくらいでは、不十分だ。この時がチャンスだったのだが、どうしていいのか分からなかった、というのが親の本心だと思う。

私はそうした親の状態を見て、あんなふうになる前に自分の家を片づけなければ、と自分事と捉えて考えるようになったのが現在である。

とはいえ一度の片づけですべてを解決はできない。暮らしは刻々と変化し続けるからだ。

頑として昔通りの暮らしを、古いモノを使ったまま続けているのなら、それはそれでよい。盥《たらい》と手で洗濯しているなら、竈《かまど》を使用してご飯を炊いているなら、だ。盥も洗濯機もあり、竈も炊飯器もあるのはおかしい。使わないモノは片づけない限り、モノが増えてしまう。置き場所があるうちはまだよいが、次第に場所がなくなり、今現在使っているモノを置く場所がなくなったり、使用して戻すのに不都合、不便、不自由が生じてくることは、目に見えている。

モノを使って戻すのに、不都合、不便、不自由を感じたら、その時を逃さず、すぐにモノを見直し、片づけを実行することを肝に銘じたい。

指定席からモノが溢れたら

モノは所定の場所に収めなければ片づかないが、その場所は誰もが出し入れしやすいところだろうか。一度決めたモノの指定席が不便なら、こだわらずにあれこれと席替えを試し、最も便利な席を探すとよい。

「取りあえず」モノの指定席を決め、そのままにすることがあるが、これはやめてほしい。自分に便利でも、家族には不便、ということもある。暮らし全体を見渡して、家族皆にとって不便にならない指定席を決めたい。モノの指定席を決めるのは、モノを溢れさせないためもあるが、家族の誰もが使いやすく、それぞれが自分で仕舞いやすく、適量を管理しやすくするためでもある。

ヨーロッパの家には「家事室」があり、道具や洗剤類、備品類、趣味のモノまでがキチンと備蓄、収納されていた。「家事室」とまではいかなくとも、そうした収納スペース、モノの指定席を確保して収めるのが片づけだ。

例えば薬味や調味料。そうめんを食べる時、前回「あれがなくなっていたかもな……」と家族が各々に買ってきたりすると、調味料置き場はすぐに一杯になり、溢れる。これは指定席があいまいで、在庫の量を確認しにくいためにおこる。薬味程度ならば夏中に食べ切ってしまえるから、まだいい。洗剤やシャンプー、コンディショナー、化粧品などは、すぐに浴室付近の収納から溢れ、床置きになることもある。

モノの指定席から溢れているモノがあれば、片づけのルールの見直しのチャンスだ。一度すべてのモノを出して、チェックしよう。古いモノ、使用不可能なモノ、残り少ないモノなど、いろいろな状態のモノが混じっている。

書籍、雑誌、パンフレット、取り扱い説明書などの書類もだ。改めてチェックすると、すでに処分した商品の取り扱い説明書だったり、取り寄せを止めた商品パンフレットだったりする。必要かどうか見直し、必要なモノだけを指定席に戻す。すると収納に隙間が空くようになり、新たなモノが収納できる。

趣味に関するモノは、とくに丁寧にチェックが要る。もしかしたら、使えるのでは？　という思いでモノを残し、指定席を溢れさせていることが多いのだ。「もしも」「万一」というように、予測できない未来のためにモノを持ち過ぎる必要はない。場所を塞ぎ、管理しきれない状態となりかねないからだ。目の前に必要が迫った時に考えればいい。

わが家の暮らしを考慮した上で、モノ指定席や適量を決めたい。

思い出のモノの片づけ

「思い出が詰まっているから……」「忘れられない思い出だから……」など、思い出に関わるモノは、多くの人にとって、どうも片づけにくいモノのようだ。

思い出とは、一体、どのようなことなのだろうか？

私は、思い出には物語があると考えている。その時の情景、景色、言葉、体験などがありありと思い出され、単なる過去ではない。

例えば東日本大震災のあの日起きたことは、被災者だけでなく多くの人に様々な体験を残し、辛いことも含めた多くの思い出になった。写真、衣類、靴、スポーツ用品などを、思い出として残しておきたいと思うのは当然だ。

こうした経験がなかったとしても、物語のあるモノは、誰しも持っていると思う。これらについては、他の片づけとは少し違い、考慮に考慮を重ねながら、要・不要を判断していかなければならない。

ある時、長年地域活動をしている知人の片づけを手伝った。「捨てられない」という「思い出のモノ」が、古い鉛筆、絵葉書、地域活動の書類、雑誌などだったから、モノに関わる物語があるのだろうと聞いてみたが、「よく覚えていない」との返事だった。大抵の「思い出のモノ」は単に「思い出と思い込んでいるモノ」なのかもしれないと思った。

もちろん中には、物語のあるモノもある。初めて地域活動で作った書類は、地域の人と知り合うきっかけになったモノだから、思い出深い。これは残しておくべきだし、今でも活動が継続しているならなおさら、残しておきたい。

私の「思い出のモノ」は、1冊の古びた手帖だ。住所録代わりに、手書きで記入していたモノ。現在は使用していないが、古くからの友人、知人の名前、住所、電話がびっしり記入してある。それを見ると、それぞれの顔と共に仕事の内容なども思い出され、正に、思い出のモノである。この手帖は、お棺に入れてほしいと思っている。

もうひとつは、およそ賞に縁のない私の人生で、唯一の賞状である。読書感想文で受け取ったモノ。小学5年生の時に読んだ書籍の感想文で、もうその書籍は手元にないが、賞状だけが残っている。書籍の内容は戦争のことで、戦争に対する思いを書いた文章で表彰された。

このような記憶と深く結びついたモノは、「思い出のモノ」として残すが、そうでなければ「縁なきモノ」として処分してはいかがだろうか。

現在使用しているモノが収納しきれないならなおさら、昔使用していたモノで場所を塞ぐのは、もったいない。

先の知人は、その後3回、「思い出のモノ」の取捨選択を繰り返し、スペースをかなり空けて現在使用中のモノを収めた、と言っていた。かつて必要と思っていたモノでも、年月と共に、必要度が日ごと減っていっている可能性もある。なにより、お棺にすべては入れられない。思い出のモノも、数点に絞るべきだと思っている。

片づけはモノを厳選すれば簡単

私が最初に片づけ講習会の講師の依頼を受けたのは、今から50年程前、30歳前後の頃だっただろうか。

終戦の年に誕生した私は、モノが圧倒的に不足していたところから徐々に循環しだした時に小学校・中学校・高校時代をおくり、大学へ進学して都会暮らしを始めた。社会が高度経済成長した時だ。大量生産・大量消費の号令一下、モノはドッと流通しだした。広告宣伝によって、人々は我も我もと、モノを購入し続けていた。

ところが経済成長が鈍くなると、これまでのモノをどうかしようとか、少ないモノで暮らすとか、モノは減らして快適にといった声がどこからともなく囁かれ始め、モノで溢れた暮らしを見直す作業をするようになった。その発端が50年程前だったのであろうと、今、振り返る。

そうしてみると、モノの購入は、暮らしへの満足度と重なってくる。戦後のモノのない時代を過ごした人にとっては、モノがあるありがたさはひとしおだし、そのモノが機能性、デザイン性、利便性を備えているとなれば、購入意欲を掻き立てられるのも当たり前のことだった。

冷蔵庫、洗濯機、炊飯器、掃除機、扇風機、テレビ、ミシン、トースター、アイロン、電子レンジ、洗剤類など、暮らしを快適に、衛生的に変えるモノが次々と登場し、「今よりも合理的に」という志向を促され、新機能が搭載されるたびに、モノを購入した。

私たちは選択眼を備えて、大量生産品の中からモノを厳選して購入しなければならなかったのに、利便性、快適性に魅せられ過ぎたせいで選択眼は置き去りになった。単にモノによる、暮らしの変化を求めただけだった。片づけには、この選択眼がとても重要な要素だったのに、新しいモノにすぐに飛びついた。

その後、社会も暮らしも変化し続けたが、すでに購入したモノを使用しないままにした結果、積み重なったモノが場所を塞ぎ、現在進行形で使用しているモノの置き場もなく、次第に床置き状態となり、暮らしスペースは狭く、足元はゴチャゴチャ状態で、快適な暮らしは、次第に遠のき、「片づけをしなければ暮らしはスッキリしない」といった、問題が浮上してくることになった。

モノを選択する眼を厳しくすると、片づけは簡単になる。選択眼がなければ、ゴチャゴチャした暮らしが続く。

ゴチャゴチャ暮らしの例が、私の母の暮らしだ。母が片づけるチャンスは何度もあった。一番のチャンスは、連れ合いが亡くなった時。父のモノ、祖父のモノなどを片づければよかったのだが、それをしなかった。母には選択眼も時間的な余裕もなく、結局、窓も開けられないほど増えたモノに埋もれ、エアコン操作もおぼつかず、熱中症を引き起こす始末だった。

選択眼で、モノの使用を取捨選択し、気持ちまで整理するのが、片づけである。

親の家を片づける

自分の暮らしはさておき、親の暮らしを快適にしてあげたい、と多くの人が思っているようだ。だが、親の暮らしは親自身が決めるべきだ。親子だからと言って、勝手に暮らしをあれこれ、指図されたくはなかろう。

なぜ、親の家を片づけたいのだろう？

人には人の暮らしがあり、自分とは違っていいように思うが、こと親の家となると「なんとか片づけたい」と思う人が多いようだ。

親の家を、私は、やむを得ず片づけた。できれば親自身が片づけをしてくれると、とてもありがたかったし、手間も気持ちも経済的負担もなく、ラクであったが、そうはいかなかった。

父は片づけが好きだったらしいが、納戸に押し込められた祖父のモノまでは片づけようとしなかった。暇ができた時に、本棚にあった私たち姉妹の本をバッサリと廃棄し、妹に恨みを買った。それ以降パッタリと片づけをやめてしまった。つまり、父は片づけに挑戦したものの、自分流でやったために家族の拒否反応に遭遇して、手が止まってしまったのだ。

母は、大工さんに主導してもらう形で大がかりな台所のリフォームと片づけに取りかかった。しかしそれも、完成までいかなかった。自分の趣味に忙しくなって、食器などの取捨選択をする暇もなく、片づけにかけられる時間が減った。それで結局のところ、床は張り替え、食器棚は新品になったが、壁は剝がしたまま、天井やシンク＆ガスレンジはそのままで、昔使用していた鍋や笊《ざる》、プラスチックの漬物容器も残ったままで、ほとんど片づいたとはいえない状態で挫折した。

その後、年齢を重ねて暮らしが変わっても、家は片づかないままで暮らし続けた。その時の私の考えは、「親の家なのだから、親が好きなようにすればいい」、ということだった。手助けが欲しいと言われれば、いつでも手助けするつもりだった。しかし親は、子に負担をかけられないと思っていたようだ。その時に、もっとキチンと話を詰めなかったのが、私の失敗だった。

そんな私が親の家を片づけるきっかけになったのが、母が熱中症で倒れたことだった。この時初めて生活研究家の視点で、親の家を見回した。モノは廊下に溢れ、キッチンは油まみれ、ここでよく暮らしができたものだと、半ば感心したり驚いたり。それから親の了承の取り付けが始まった。

母は病で入院していたこともあり、数回の説得で了承してくれた。退院してくる前に終えようと、妹の手も借りた。キッチン改装を完成させるように工務店にも依頼。廃棄したモノの始末も同時に頼んだ。

私は、これからの母の暮らしに不要と思われるモノをすべて始末した。一部の押し入れの中のモノは、母に判断してもらおうと残し、ひとつひとつのモノを母の目の前に置いて、どうしたいかを聞きながら、判断してもらおうとした。でも、母はモノを手に取って眺めているだけで、どうしたいのか、実際には、なかなか判断ができなかったのだ。これが、片づけできない理由だと、ハッキリと分かった瞬間だった。

親の年代にもよるが、80代以上では、片づける＝廃棄＝もったいない、という意識があり、判断に時間がかかる。また、70代以下の親でも、こだわりが強い人では、片づけが難しい。子どもには、覚悟と経済的負担が要る。

親は親、子は子、という考えを持てば、親は自分の好きなように責任を持ってくれたらいいし、親の家など片づけたくはない。ただ歳を取ると、親は子に寄りかかるのが、問題だ。その時のために、片づけをどうしたいのか、日頃から話し合っておくことが大切だ。話もしないままに片づけると、親子関係が気まずくなりがちだ。

片づけで不要になったモノの始末

片づけで最も問題なのは、不要と判断したモノをどう始末するか？　これが難題で、決断のつかない人が多いように思う。着なかった、使わなかった、履かなかった、読まなかった、役に立たなかったモノ、あるいは、昔は使っていたが、現在は使わないモノをどうするか。

この先も不要と判断するまでは、よい。その先である。とくに、数回しか使用しなかった、着なかったなど、まだ新品同様のモノ、読まなかったといっても古びていない本、傷んでいないモノ、デザインが古くなっただけのブランドモノなどは、どう始末すればよいか悩む。悩むこと自体が、煩わしい、面倒という思いもある。そこを振り切って、どうするか。

・人に譲る
・転売サイトで売る
・リサイクル店に出す
・自治体のリサイクルセンターに持ち込む
・自治体の分別に従って廃棄する
・有料粗大ごみに出す
・新品交換で引き取ってもらう

これらの手続きのどれかを選ばないことには、片づかない。不要なモノを始末して、初めて片づけが終わる。

30年程前になるだろうか。不要なモノを、他の国ではどうしているかが知りたくて、取材に歩いたことがある。ヨーロッパのドイツ、イギリスでは、まだ使用できるモノを引き受ける場所がいろいろあった。イギリスでは高齢の女性がオットマンを無償で持ち込んでいたのが印象的だった。アメリカにも、中古のモノを引き受ける店舗があり、開店前のドアの前には、モノが山積みになっていた。また、自宅前のガレージ・セールも盛んだった。ロサンゼルスでは、中古の建築材の展示会場まであった。そこに中古の便器がズラリと並んでいたのは、驚きの光景であった。

ある人には不要だが、ある人には必要とされるモノを仲立ちする場が充実している社会と、そうでない社会では、社会の成熟度が断然違ってくる。わが国は後進だ。

片づけられないのは、不要なモノを始末する方法が乏しいからでもある。ある意味で、気軽に排出できて、それを気軽に購入・再利用が可能な始末市場の広がりが今後ますます必要だ。

そうはいっても、今始末しなければならない不要なモノは、先に挙げた方法のどれかを選んで、始末する。時には、経済的負担もあるが、それは身から出た錆とでも思って、覚悟するしかない。

幸いにも、私は、いつでもどんなモノでも出せるリサイクル店を確保できた。町をぶらついていて見かけた店で、それから重宝に使わせてもらっている。送料は自分持ちだが、カーテンから、食器、靴に至るまで、引き取ってくれる。ありがたい存在だと思う。ここまで最後の始末を終え、ようやく、片づけは終了となる。

あらためて購入前の検討と4R

「モノは一人では歩いて来ない」と、私はいつも思っている。自分が購入したから、モノは鎮座している。購入する前に選択眼を持って考えておけば、モノで溢れた家にはならない。考えもなく購入して放置するので、モノはアチコチに溢れるのだ。それを避けるためには、購入前に次の①〜③をよくよく3度は繰り返して検討することだ。

①必要性はどれほどか

「必要」と思ったモノでも、今一度立ち止まって、よく考えることだ。家に代用できるモノはないか、他に似た用途のモノはないか。

②メリットを計る

購入すると暮らしはどう変化し、どんなメリットが生まれるか。ラク、楽しい、効率的、作業が捗る、部屋が片づくなどの具体的なメリットを考える。

③使用頻度を計る

使用頻度はどれほどか、活かしきれるかを考える。

この点は誰しも、高価なモノについては考慮するが、低価格のモノについては、案外吟味が足りない場合がある。衝動的に、気分でついついなど、勢いで購入したはいいが、活かしきれないということもある。

活かしきれないモノを購入しては費用がもったいない。さらに重要なのは、資源、エネルギー、労力の無駄になるということだ。モノは資源、エネルギー、労力をかけて生産されている。そのモノを購入することで、資源を無駄にしていないか、過度な環境負荷によって生み出された製品ではないか、安価にするために他国や他者から労働力を搾取して作られていないかなどの環境面の問題も配慮して検討することを肝に銘じたい。

さらに資源を無駄にしないために、以下の4Rを意識する。

①REFUSE　リフューズ・断る

モノを購入する時も、無料のモノをもらう時も、必要のないモノを断る姿勢が大切。必要なら仕方ないが、不要なら家に持ち込み、捨てては資源の無駄。レジ袋、割り箸、スプーン、お手拭きなどは断ることも考慮する。

②REDUCE　リデュース・減らす

新たに買わずに、まだ使えるモノを使用し続けることを、優先する。さらに持っているモノを減らすこと。使用頻度に合わせて減らしてみると、なぜそれを持っていたのか、不思議に思うはず。減らす努力も必要。

③REUSE　リユース・再利用する

使えるモノを家に眠らせていないだろうか。新規購入をしなくても、不使用のまま忘れているモノを再利用してはどうか。再利用してみると、意外に使いやすかったり、使用範囲が広がったり、思わぬ発見があるかも。持っているのに活用しないのは、資源の無駄。

④RECYCLE　リサイクル・再生する

資源から生産されたモノの多くは、破棄すれば消滅するが、再生させれば循環し、持続可能な資源活用に繋がる。

第 4 章

調理は続く、最期まで

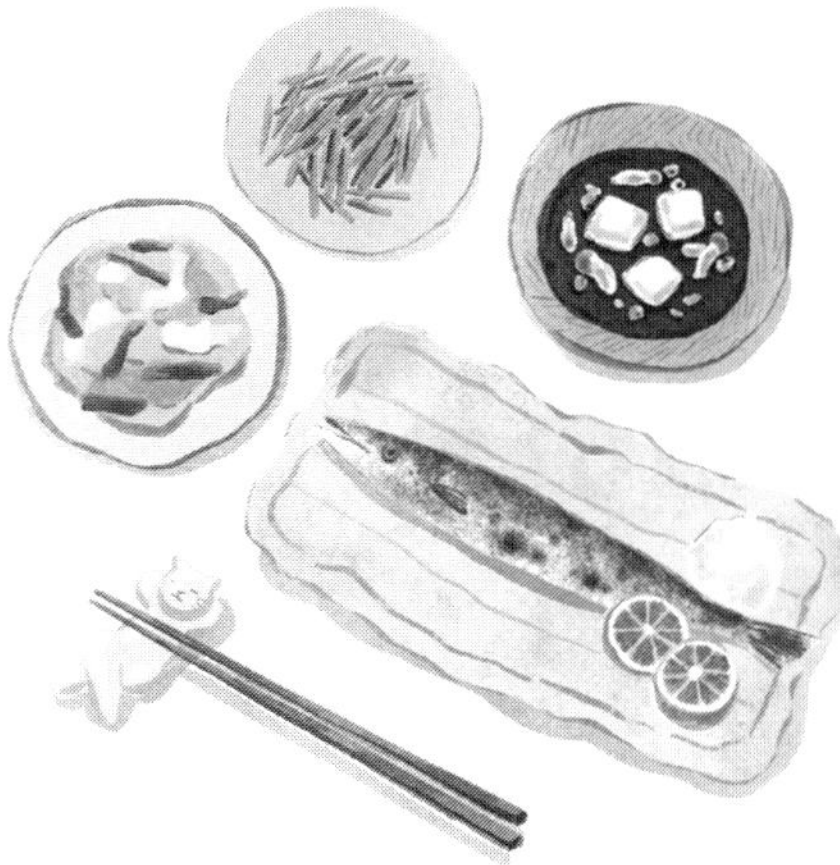

食べることは生命を維持すること

食べることは、生命がある限り続く。身体の機能を維持していくために、どうしても必要なことだ。

私たちはそのために、調理しなければならない。調理加工済みの食品や食材もあるが、毎日となると、経済的な負担が大きい。調理技術が乏しければ食品ロスや廃棄を招きかねない。調理技術をどの程度身に付けるかが、最期まで生命を支える必須条件ともいえるのではないだろうか。

調理技術は、命が続く限り使い続けなければならない欠かせない技術というわけだ。ゆえに、早く身に付けるが勝ちである。

といっても最近では、食品、食材、そして調理器具も、簡単に調理できるように工夫されているから、プロのような技術を身に付けなくてもいい。

例えば、枝豆は茹でるのが当たり前だった時代から進んで、今は冷凍食品が登場して、電子レンジにかけただけで茹でたのと遜色ない食感で美味しく食べられる。こうした食品や道具があれば、茹でる技術を使わなくていい。

一から十まですべての調理技術を身に付けなくても、便利な調理道具や食品を使いこなせれば、困らない時代が来ているのだと思う。ただ、基本的な調理技術は、いかなる時代や環境の変化にも合わせられるように、身に付けておいたほうが身のためでもある。

私がしっかりとした調理技術を身に付けたのは、40代も後半だった。同人会に入会し、そこで人様に振る舞うために、やっとの思いで修業を積んで身に付けたのだ。若い時には、いい加減な食事をしていた。あとになって「もっと早くから調理技術を身に付けておけばよかった」と後悔したが、時は過ぎてしまっていた。

だがその後、老いていくごとに調理が面白く、楽しくなった。

開発調理（新しい食べ方を試す調理）、始末調理（食材を無駄にしない調理）、再利用調理（残った料理を再利用して、味わいを変える調理）など、新しい調理方法を発見する好奇心も湧いてきた。もちろん身体的な負担が大きくなる季節は好奇心を控えめにし、季節の良い時にチャレンジすることにしているけれど。調理技術は、人生の最終盤まで活用し続けられる面白い技術なのではないかと思っている。

季節に出回る食材を、眺め、手に取り、調理して、食べる。

そんなふうに楽しんでいるうちに、一生が終わっているといいな、と思う。季節の食材ひとつとっても、それをどんなふうにしていただくか、自分好みに合わせられるのは、調理技術があればこそである。

調理技術が未熟ということは、自分の身体を楽しませ、喜ばせ、生命を維持させる機会を逃すということかもしれない。

誰でも、いつからでも、調理技術を始めとした「暮らしの技術」を身に付けられると、私は思う。人生を最期まで面白がる余裕や、楽しく生き抜く心地よい気持ちが持てるかどうか、自分自身の「やりたいこと」に遣える時間を持ちたいかどうかだ。技術を身に付け、暮らしを上手くコントロールすることで、それがかなう。

仕事にはいつか終わりがくるし、取得した仕事の技術も使えなくなる時がくるだろう。だが、暮らしは一生続く。暮らしの技術は更新し続け、一生使い続けたい。

一汁三菜を気楽な「目安」に

「自分の身体を楽しませ、喜ばせながら生きたい」と書いた。そのためにぜひ取り入れたいのが、昔ながらの日本型の食事である「一汁三菜」と、「四季」だ。

食材にも四季折々の旬がある。自分で調理すると、その味だけでなく、食卓の風景にも四季を反映できるのが、いいところだ。

今やスーパーに行けば、キャベツ、レタス、トマトといった食材はどの季節にも並んでいて、一体どれが旬なのか、次第にその感覚が薄れてきている。しかし自然のほうでは、四季はまだまだ健在である。知らないのは、私たちのほうだ。努めて四季の旬の食材を食べたり、目で楽しんだりして、身体の機能を手助けしていくようにしたい。

四季の新鮮な食材を使い、その多様な持ち味を活かしながら、栄養バランスが優れた献立にできるのが、「一汁三菜」だった。私たちはいつ、この食事スタイルを忘れてしまったのだろうか。

一汁、それと、四季のある三品の惣菜ということだが、忙しい現代人にとっては、言うは易《やす》し、行うは難しである。

流行りの新しいレシピ、外国のレシピを取り入れることに必死だった若い頃には、考えもしなかったが、この歳になってようやく、四季の食材がいかに身体の機能をコントロールしてくれているか、分かってきたような気がしている。

ただし、日々、旬の三菜を食卓に載せるのは、かなり至難の業だと私は思う。毎日の、しかも三食、いや二食でも調理し続けるだけで精一杯の身では、大変なことだ。三食すべて一汁三菜にすることなど、到底無理。緩やかに、週1〜2回から始めてもいいと思う。

実際私は、1日1・5食ほどだから、目標は「週3回程度の一汁三菜」と掲げて、身体に許してもらっている。残りの週4回は二菜でもよし、とした。二菜なら、うち一菜はメインで他は副菜を一菜。肉好きの私だから、メイン一菜は肉中心に、他にも旬の魚、卵、大豆製品などを循環させていければいい。二菜くらいならなんとかなる。

中心の肉には、残念ながらほとんど旬がない。ここを旬の魚で補いながら、主菜を回していけるといい。

秋の深まる季節には海の食材が美味しい。昔の代表はサンマだったが、近年高値で庶民には手が出しにくい。でも、カマス、サバ、イカなどもある。イカは旬ともなると安い。イカと大根煮、イカの納豆和え、イカフライや天ぷらなどが主菜となる。

もう一菜だが、秋なら山芋、大根、白菜、葱、菊が旬である。

菊といえば、新潟では紫色の「かきのもと」を、よく食べていた。菊とキュウリの酢の物、菊と梨の胡麻和えもいい。私の好物だ。食卓の一菜であり、お酒の友にもなる。東京でも見かけるようにはなったが、地元ほど食べられることはないようだ。

一汁二菜からスタートすれば、いつの間にか、三菜も気負わずに作れる日も出てくる。無理のない日本型の一汁三菜を目安にして、この土地に暮らす身体の機能を上手く動かし、美味しく、楽しく、自分流で、食生活を整えていけるといいと思う。

また、四季は器の柄や添えものでも食卓に取り入れられる。春なら桜の花を飾る、秋なら紅葉を添えるなど、ほんのちょっとしたことでも、食卓の風景は一変するので、試してみてほしい。

手作りと惣菜を組み合わせて

一汁三菜を目安にするとしても、食は毎日のこと。「今日、何食べよう」と決めるのも、仕事の合間を縫ってだから、考えている暇のない時だってある。時に面倒となることも、残り物ですませることも、単品だけになることもある。それでいいのだ、と納得しよう。

現代は、誰もが仕事をしている。昔のように、「働く人」と「家にいる人」とがそれぞれ専業の時代ではない。家族の誰もが仕事を持ち、また、全員で暮らしを支え、動かして、こなしていかなければならない。作る人と食べる人が別な時代など、すでに終わっているのだ。

だから、手作りだけにこだわることもない。

調理済みの惣菜、デパ地下やコンビニの惣菜など、大いに結構。様々な食のレパートリーを組み合わせて、一汁三菜の食卓を作っていけばいい。

ただ、こうした調理済み惣菜などは、食材から自分で作るより経済的には負担が大きくなる。家計と睨めっこしながら、取り入れ回数や取り入れ先、取り入れ法など工夫していけば、より幅広く一汁三菜を食卓に広げられるはずだ。

私の場合で言うと、気温が高く暑さが厳しくなる夏は、調理に辟易する。火を使うのに耐えられなくなると、メインの一菜に、トンカツ、天ぷら、ハンバーグなどの調理済みデパ地下惣菜をテイクアウトしてくる。

特にトンカツは、一口カツを肉屋さんで揚げてもらってくるので、家で冷凍しておくと、いつでも食べたい時に食べられて重宝している。

ハンバーグも個包装のものがあり、温めるだけで食べられて手軽なので重宝だ。天ぷらを食べたくなる頻度は少ないのだが、カラッと調理するのは難しいので、食べたくなった時にはテイクアウトしている。

残り二菜については、切るだけ、和えるだけなどの調理で、トマトやキャベツのサラダ、野菜の胡麻和え、豆腐、茄子とキュウリの浅漬けなどを添えている。火を使わないというだけで、かなり、気持ちがラクになっている。

酷暑、極寒以外の季節では、時間が許す可能な限り、手作りをするよう心掛けている。でも、疲れた、気持ちが落ち込んだ、時間に余裕がないといった時には、スーパーの調理済み惣菜を利用することがある。

例えば、ヒジキやレンコン、シイタケなどが刻んであって、胡麻ダレをかけるだけの和風サラダなど。レンコンは旬じゃないとかなり高値だ。そんな時でもこの惣菜は安定した価格で販売されているし、一菜で複数食材が食べられるのが魅力で、最近気に入っている。

副菜は多めに作って、繰り返し食卓に上げているのが、私の工夫といったところだろうか。私の副菜の定番はこんなものだ。
・キンピラ――牛蒡《ごぼう》だけに限らない。レンコン、ピーマン、セロリなど。
・刻み昆布炒め――刻み昆布に油揚げ、時には牛蒡やニンジンなども加え、炒める。

・**ぜんまい煮**――もどしたぜんまいと油揚げや厚揚げを、炒め煮に。味つけは醤油、酒で。

・**ヒジキ煮**――もどしたヒジキと干しシイタケ、ニンジン、油揚げを鍋に入れ、出汁、醤油、酒で煮含める。

・**茹で菜**――旬の青菜を茹でるだけ。ちりめんじゃこを振るのが定番。

・**じゃがいもの千切り炒め**――じゃがいもを千切りにして炒め、塩と酢で味付けする。

・**ニラ玉**――ニラを切って油で炒め、溶き卵を加えて卵とじにする。

・**ニンジンの卵炒め**――沖縄ではシリシリと呼ぶそうだが、千切りにしたニンジンを卵と一緒に炒め、塩で味つけする。

・**炒り豆腐**――水切りした豆腐を、冷凍のミックス野菜と一緒に炒め煮に。味つけは塩で。

・**白和え**――茹でたブロッコリーと茹でたエビを豆腐の和え衣、塩とサワークリームで和える。

これからはもう少し、故郷・新潟の惣菜を身に付けたいとも思っているのだが、どうなるだろうか。

体調にそった献立を

なにを食べるか。献立も、調理技術の内である。

献立を考えるのが面倒だ、という人は多い。それはもしかしたら、身体の声を聞いていないせいではないか。

食事は身体を成り立たせる基本だ。栄養バランスは、献立に表現される。バランスをしっかりさせておきたい。

・脂質——油脂　バター　種子　大豆　チーズ
・タンパク質——魚介　肉　卵　大豆製品
・ミネラル——ヒジキ・若芽・昆布などの海藻類
・ビタミン——野菜　果物
・糖質——ご飯　パン　麺類

こうした栄養素の組み合わせが、献立だ。料理名ありき、ではなく、これらの栄養を上手く組み合わせて、家族の体調にそいながら、献立を立てるようにすると、バランスの取れた内容となる。

身体は正直だから、汗がドッと排出されたら、当然水分が欲しくなる。汗と一緒に排出された塩分も同様である。汗をドッサリ排出する夏、身体は水分、塩分を必要とするわけだ。

身体の声を上手く聴かないので、サッと献立を立てることができないのではないだろうか。といっても、自分の身体の声だけでなく、会社、学校などにいる家族の身体の声まで、慮るのは簡単ではない。

どうしたら、家族の身体の声が聞き取れるのだろう。家族の体調や行動予定、好みなどを気にしてみるといいのではないか。献立を考える際には、インターネットや友人からの情報を優先するのではなく、まず、家族の体調や好みを上手くキャッチして、組み立ててみてほしい。

それは、「わが家の味」を作る道に通じる。

いつもいつも目新しい料理に挑戦するとなると、調理に手間も暇もかかる。

家族の体調や好みに合う馴染みの料理、定番料理ができれば、調理にかかる時間や労力はだんだん小さくなっていくはずだ。

馴染みの味を伝えていれば、家族も調理ができるようになるかもしれない。万一体調が悪くなった時でも、家族全員が調理のピンチヒッターができるということだ。

献立は、家族全員一緒にすることが経済的にも負担は少ない。しかし家族の体調や好みが大きく違うとなると、一緒の献立ということにはしにくい。別の献立も、やむを得ないのではないだろうか。

家族であっても離れて暮らしている私と妹の場合で言えば、私がよく作るのは油を多く使う料理、彼女は油をほとんど使わないアッサリ料理と、まったく違う。お互いの身体が求めるものや好みが違い過ぎる。一緒に食事をする時、昔は同じ献立にしていたが、今は不経済でも別献立としている。最近では、年数回くらいしか一緒の食卓を囲まなくなった。

夫婦二人となった友人宅では、夫が魚料理を受け付けず、ソーセージやハムがいいという。彼女は魚が好きだが、夫の希望を優先して普段は肉料理が中心、魚料理はたまで、二人共通の野菜中心の献立が多くなるといっていた。これも、お互いの体調にそってのことである。

家族とはいえ、ひとりひとり違う。ひとまとめに献立を立てるのが経済的で、「わが家の味」に繋がることではあるのだが、時と場合で、変化させていくことも大切である。ただ、「食べず嫌い」はしないようにしたい。食べてみてどうしてもダメなら仕方ないが、食べず嫌いは、献立の意味からも面倒だ。

1、2、3の簡単料理を味方に

調理を全く経験したことがなかった時、雑誌を手本にして、友人とアサリピラフに挑戦した。雑誌には細かいプロセスが書かれてあり、ひとつひとつ、こなすのがやっとだったことを覚えている。あまりに手順が細かくて、初心者にとってトラウマになり、その後現在に至るまで、このレシピのアサリピラフは作ったことがない。

以後、「調理は簡単に限る」と考えるようになった。

友人、知人宅などで食べて美味しかった料理の作り方を聞き、それが「1、2、3の手順で調理できる」となると、マイレシピにひとつずつ加えるようにしてきた。

こういう簡単料理は、初心者に作りやすいのはもちろんのこと、時間を無駄にしたくない時、調理がマンネリ化している時、手をかけられない時、老いて調理が億劫になってくる時などにも勝手がいい。いつでも再確認して、一生作り続けたいレシピである。

いくつか紹介しよう。

・大根とホタテ缶和え

1 皮をむいた大根とキュウリを千切りにして塩を振り、しばらく置いてしんなりしたら、水気を絞る。
2 ホタテ缶を汁ごとボウルに移し、マヨネーズを加え、コショウを振り、混ぜ合わせる。
3 2に1を入れ、ホタテと絡むように、よく混ぜ合わせる。

・じゃがいもグラタン

1　じゃがいもは洗って皮をむき、適当な大きさに切る。
2　じゃがいもを鍋に入れ、じゃがいもの頭がちょっと出るくらいまで、牛乳を注ぎ、弱火でじっくりと煮る。
3　じゃがいもが崩れ、ねっとりしてきたら、塩、コショウを振り、耐熱容器に移す。刻んだチーズをかけて、グリルで2分ほど焼き目を付ける。

・アスパラガスのカニ缶あんかけ

1　アスパラガスははかまを取って食べやすい長さに切る。鍋に湯を沸かし、塩を加えてサッと茹でておく。
2　カニ缶を小さめの鍋に汁ごと入れて水を加え、弱火で少し煮る。塩、コショウで味を調える。
3　2の鍋に水溶き片栗粉を回し入れ、とろみがついたら、火を止め、アスパラガスにかける。

と、こんな具合の簡単調理を、再確認して作っていってはどうだろう。

旬の食材を使って、切る、和える、煮るといった簡単調理をすると、手間暇をかけずに副菜ができる。

副菜の数が増えれば、それだけ食材の品数が増えることになる。忙しい毎日でメインが作れなかったとしても、食卓が賑わい、充足感が得られるはずだ。

簡単なものから始めれば、次第に、調理の感覚が身に付いてくる。同じ調理法の繰り返しでも、調味料で変化をつけるなどすれば、調理への興味、好奇心、挑戦心も湧き、年数を経ても面白さは失われないはずだ。調理は脳を働かせる作業であり、アイデアの源になる。

厳選した調味料で手軽に作る

特別な手間暇をかけて料理しなくても、料理を美味しく食べたいなら、ぜひおすすめしたいのが、調味料を厳選することだ。鮮度のいい食品はそれだけで美味しいものだが、そこに美味しい調味料が加わると、さらに味が引き立つからだ。

例えば鮮度を吟味したトマトにほんの少しだけ天然塩とエキストラバージンオリーブオイルをかけて食べる、茹でた青菜に国産の香りのよいすり胡麻を振る、国産大豆のお豆腐に厳選醤油を少し、コーヒーには美味しいはちみつを、というように調味料を厳選すると、まるきり味が違う。

私も以前は、調味料はどれでもいいものだと思っていた。新鮮なトマトにかける塩も、煮物に使う醤油も、味とは別に単純に並んでいるものを買っていただけだった。でも、同じ一食を食べるのなら、美味しく食べたいという欲が生まれてから、違ってきたのだ。

塩も選ばないと美味しくない。ミネラルのあるものとないものでは、明らかに味が違う、と気づいたのだ。最近では海外からのものも含めて、多種多様な調味料が豊富に売られているから、料理下手のブラッシュアップには大いに助けられるところだ。

基本調味料は、こう選ぶ。

・塩——ミネラル分を含んだ天然自然塩を。単に塩辛さだけではなく、まろやかさがあって、料理の味に深みが出る。沖縄の塩やフランス産の塩などは、昔ながらの天日干しをした手作りだし、チェコの岩塩などは自然塩だから、それぞれに味わいが違う。サラダには岩塩を、茹でものには天日干しを、というように使い分けてもいい。

・**砂糖**――精白された砂糖には、甘みはあるがミネラル分がほとんどない。ミネラル分は身体にとって必要な成分だし、調味料からもとりたいもの。さとうきびが原材料の黒糖やきび糖にはミネラル分が含まれている。また、糖分としてははちみつを選ぶのも。料理にはあまり使われないはちみつだが、花による味の違いも楽しめるので、使ってみてほしい。はちみつは、味見をして選ぶといい。

・**醤油**――1年以上木桶で熟成させたものが、味、香りがいい。ラベルの表示をしっかり読んで、国産大豆、国産小麦100%、自然塩使用のものなどを選ぶ。

・**酢**――日本では米酢の千鳥酢、中国では黒酢の鎮江香醋、西洋ではワインビネガーのマイユビネガーなど、酢は世界で使われている。料理によって使い分けたいので、各国の酢を持っているといい。
・**油**――天ぷらからサラダまで、使用量の多い油。原料で選ぶのも一つの方法だ。紅花からのサフラワー油、菜種からのキャノーラ油、オリーブからのオリーブ油、太白胡麻からの胡麻油など、多種類ある。味の好みで選ぶといい。

調理は失敗で終わらせない

私の友人に、調理上手がいる。彼女の母親は病がちで、幼い頃から調理を担当していたというだけあって、私が知り合った30代の頃にはすでにプロ並みの腕だった。

当時、イクラの醤油漬けなど「買うもの」と思っていた私は、彼女が一匹の鮭から身を分けてイクラを取り出し、醤油漬けにするプロセスに立ち合って、その手さばきのよさに驚いたものだった。調理の上手くない私は、いつも失敗ばかりしていたので、上手くできる彼女は尊敬に値した。

その後私も歳を経て、いくらか彼女に近づけたという思いがあった。ある冬に、牡蠣のクリーム煮を作って、彼女に振舞った。牡蠣のほかに蕪を入れたクリーム煮を出したのだが、一口食べた彼女は、「やっぱり、牡蠣には青菜がいいわよ」と、アドバイスしてくれた。牡蠣に青菜がマッチするとは露知らず、失敗であった。

私は調理の失敗談にこと欠かない。

牡蠣ご飯は真っ黒、チーズトンカツはチーズがはみ出して台無し、巻きずしは巻き方が緩くて口へ運ぶ前にこぼれるなど、いろいろだ。それでも人様に食べさせてしまうのだから、自分でも呆れている。

多くの失敗は、私が調理に慣れてこなかったがゆえであった。もっと若い頃から彼女のように調理に慣れていれば、失敗はもう少し減っていただろう。

東京を離れ、地方に棲家を変更した彼女と、最近しばらくぶりに会った。私が調理したのは、鰈《かれい》の煮つけであった。「わぁ〜美味しい！　私は煮つけができないのよ、美味しいわぁ〜」と絶賛であった。私は、あんなにすべての調理に精通している彼女が、煮つけができない、ということに驚いていた。

煮るだけの超簡単調理なのに……。もしかしたら、単純な調理ほど、こだわる人には難しい？　あれこれ考え過ぎて失敗をおそれてしまったのかもしれない。

私とて、鰈の煮つけがすぐに上手く調理できたわけではない。何度か挑戦と失敗を繰り返し、ようやくここまでとなったのだ。

人は1回の失敗で、すぐに挑戦や実践をやめてしまう。これでは、上達しない。実践と失敗を繰り返し、失敗の原因を突き止めることで、次の失敗が回避できる。そうして次第に上達していくのではないだろうか。

これは、人生でも同じである。若い時の失敗は、肥やしとなる。失敗せずに順風満帆と人生を歩んで来た人のほうが、失敗に対しての免疫力は弱いような気がする。また、失敗を恐れるあまり、実践、挑戦を試みないというのも、いただけない。

なぜか。それは、失敗の裏に隠れている原因の糧を拾うことができないからだ。仕事の失敗と違い、調理の失敗は他人に迷惑がかからないから、柔軟にアレンジしていけばいいだけだ。

蕪と牡蠣のクリーム煮に失敗した後、私はすぐに、蕪が入ったままの鍋へほうれん草も加えてみた。蕪だけより、美味しく食べられた。調理は、こうして回復させていくことができるから、面白い。再度チャレンジできたのは彼女のおかげだ。

失敗で終わらせず、臨機応変にアレンジが加えられるのは、人にしかできない技だ。これを面白がらないのはもったいないことだ。

老いての調理技術への挑戦も、とても面白いし、ブラッシュアップにも終わりがない。

段取りが身に付けば鬼に金棒

仕事のできる人の動きをよく観察すると、無駄な動きが少ない。結果まで行きつく最短の道のりを予測して、先手先手と、段取りよく進めるからだ。結論や結果に行きつく早道を予測しなければ、効率よく動けない。何事にも手順、段取りありということだろうか。

「五重塔も下から組む」とのことわざがある。高い建築物がなかった時代のことわざで、何事も、順を追って積み上げなければならない、ということである。

現代にも通じる。いきなり事を運ぼうとしても上手く行かないし、崩れる恐れもある。高層ビル建築など、正に当てはまる。事務仕事でもしかり。日々の統計、数字が揃っていなければ、年間統計など算出できない。

そしてこれは、仕事だけにも限らない。暮らしにもいえる。家のことも手順、段取りが大事だし、その手順を日々積み重ねなければ、熟練に達しない。しかし一度身に付けて熟練した技術は、引き剥がそうにも剥がれない。そう、鬼に金棒というわけだ。

例えば、段取り良く、いちいちレシピなど見ずとも、さっと調理ができるようになれば、無駄がなく、時間的な余裕さえ生み出せる。その結果、自分の好きなことに時間が遣える。

金棒を持つには、日々、習慣的に技術を使って、身に付ける必要がある。

イタリアはジェノバでホームステイをした時のこと。到着初日、ホストファザーのロベルトが夕食を作り、食事後にキッチンを片づけ、残った料理を冷蔵庫に手際よく仕舞った。それまで私は、「男子厨房に入らず」の男性しか知らなかったから、この姿にビックリ！

その後、イギリス、アイルランド、スペイン、再びイタリアと、ホームステイを重ねたが、どの国のホストファザーも暮らす技術を持ち、自分流にしっかりテキパキとこなして、日々をとても愉快に暮らしていた。

こうした経験は、私にとって衝撃だった。金棒＝暮らす技術を性別にかかわらずに誰もが持っていたからだ。

ロベルトは、結婚当初からテキパキこなしたという。結婚したからといって役割分担したり、「あなた任せ」にしない姿勢。これが素晴らしい。

日本男子も早く、人として「暮らしの技術」を身に付けて、仕事だけではなく、家庭でもその技術を思う存分発揮して、豊かに、愉快に、面白く暮らせるようになるといい。連れ合いがいてもいなくても豊かに過ごせるよう、技術習得に精を出してほしいと願っている。

台所にもお点前がある

お茶のお点前と同様に、台所にもお点前《てまえ》がある。というととっても難しそうな響きであるが、なんのことはない。キッチンで調理する時の、順序、段取りとでもいったらいいだろうか。

調理技術というと、食材を切ったり、煮たりといった調理部分の技術に注目しがちだが、キッチンでの調理をスムーズに進めるためには、その前後を含めた手順、段取りがスムーズにできる必要がある。

①**材料の準備をする**――材料を洗う、切る、もどす、味を馴染ませる、といったことである。これは、シンク、調理台などで行う。

②**材料を使って調理する**――これは、炒める、煮る、煮込む、揚げるなどの調理そのもので、火を使う場所の、コンロで行う。ここでは、調味も一緒に行っていく。

③**調理器具を洗う**――②の間に、①で使用した調理器具を、洗い、水を切

り、片づけていく。

④**盛り付ける**――調理が終了したら、器に盛り付ける。これは調理台などで行う。この時、調理に使用したフライパンや鍋をシンクで洗っておく。

⑤**食卓へ**――盛り付けた器は、食卓に並べる。

⑥**食器を洗って拭く**――食べ終わったら、食器だけを洗い、水を切って、水分が切れたら布巾で拭いておく。

⑦**使ったものを片づける**――使った調理器具を戻し、食器をしまう。

作って食べて終わり、ではない。この一連の流れが、「台所手前」なのだ。「食」にまつわる「家事」に時間がかかって仕方がない、という人は、③や④で調理器具を洗う作業をせずに、シンクに洗い物をいっぱいに溜めてしまっていないだろうか。すると、食後の後始末にかかる時間が長くなる。

あるいは、⑦の調理道具や食器をしまう作業を終えずに、次の調理の機会がやってきて、調理前に慌てて片づけたりすることはないだろうか。

習慣にできるまでは、なかなか慌ただしく感じるかもしれないが、これができれば、後片づけはとてもラクになるはずだ。

洗いものが楽しくなる道具

食事後、調理器具や食器を洗うのに、どんな道具を使っているだろうか。炊事用スポンジは、洗剤を使う人には必要かもしれない。泡を出して、洗剤の効果を高めるからだ。スポンジは使用後にキチンと水気を切って乾燥させてからまた使えばいいのだが、ほとんどの人は、汚れ、洗剤、水気を付着させたまま、置いていないだろうか。

実は、この状態のスポンジには、大腸菌が発生していく。そのまま使用を繰り返せば、スポンジは菌の温床になっていく。私はこれを以前、仕事で実験して知ってから、スポンジを使用できなくなってしまった。

ほかにブラシ、アクリルタワシ、網タワシなどあるが、私は断然、網タワシだ。「網タワシ」は、漁網から草案されたナイロン製とポリエステル製の薄手のネットだ。いずれも水分が吸着しにくいから、菌の温床になりにくい。毎食後に使用しても次の炊事までには乾いているから、乾燥速度はスポンジに比べて格段に速く、衛生的だ。泡立ちやすく、薄いので使いやすいのも特徴だ。

なにより使用後の後始末が簡単。水で2〜3回擦り洗いすれば、汚れと洗剤が落ちる。乾燥させるだけでもよいが、より衛生的に使うなら、石ケンで洗い、熱湯をかけると効果的だ。

キッチン道具のなかでも、傷みの早いスポンジや網タワシなどは、消耗品と割り切って、くたびれてきたら交換し、汚れたままで使用しないと決めている。ちなみに、わたしが使い勝手がよくて気に入っているのは、食器用の「あみたわし」（クロワッサンの店）とシンク用の「あみたわし　ズビズバサラッシュ」（旭化成）だ。

調理は習うより慣れろ

調理技術を習得するには、料理教室に通う、先輩に教えてもらうなど簡単な道を選びがちだが、英語を学校で学んでも使わなければすぐに忘れてしまうが如きで、調理技術も習っただけで使わなければ、身に付かない。

技術は習うより慣れろ。

つまり計量カップがなければ料理できない、レシピを見なければ料理できない、というのではなくて、いつでもどこでも目秤、手秤、味秤などを使って作れる、というように、どんな時でも使いこなせる技術にするためには、慣れるのが一番だ。失敗しても、繰り返し作り続ける。

実は私は20代の頃、ほとんど調理ができなかった。本を見ながら、読みながら、見様見真似、人様に食べてもらう技術など当然なく、毎日自分が食べるカレーを作り続けるばかり。ほとほと飽きたが、身体は維持しなければならない、と繰り返し作ったものだった。

40代になった頃、ようやく半人前の調理技術が身に付いて、やっと人様に食べてもらえる状態になった。20代から日々、失敗を繰り返しつつも、慣れろ、慣れろと作り続けたからだと思う。

実は70代後半となった今、新たなメニューにいろいろと挑戦して、新しいレシピを身に付けている。

新メニューにチャレンジするのが、まったく苦ではなくなったのだ。目秤、手秤、味秤を使うからだ。ここまで慣れれば、調理が楽しく、面白くなる。この楽しさは、技術がおぼつかない20代では味わえないことだった。

でも、疲れた時などは休ませてもらうし、他人の調理したものを取り入れたり、デパ地下惣菜をいただく。外食したりもする。自由にしていいのだ。長い時間をかけて暮らしの中で身に付けた技術は、剝がれることがないが、誰かに習ったまま習いっぱなしで放っておいた技術は、剝がれてしまうことがある。習ってもいいが、慣れるまで使い続けるのが肝心だ。

使わない、使えない技術は、宝の持ち腐れになってしまう。使ってこそ、宝だと思う。

冷蔵庫に振り回されるな

調理技術の中でも、食材の管理術は、食品ロスを出さないため、食材を無駄にしないために重要な技術である。特に生鮮食材を管理する冷蔵庫の管理は、台所仕事を担う人の腕の見せ所でもある。

冷蔵庫のなかった昔は、食品の長期保存のために漬物、佃煮といった加工技術が使われていた。今は冷蔵庫が登場したおかげで、食材を簡単に、傷ませずに長期間保存できる。

しかし一方で私たちは、「冷蔵庫に入れておけばなんでも長く保存できる」「とりあえず入れてさえおけば安心」「食材ならなんでも入れられる」などと錯覚、勘違いをして、ついうっかり食品ロスを生む結果になっていないだろうか。

以前伺ったお宅で、冷蔵庫を拝見したことがある。そこで唖然としたのが、その満杯状況だった。いつ入れたのか分からない食材がギッシリ、奥になにがあるのかさえ見えない。調理の際に取り出しにくいのはもちろん、今買ってきた冷やしたい食材さえ、すぐに入れられないのだ。

そこで、一度整理しようということになり、中の食材をすべて出して並べてみた。すると奥から、鮮度が失われたり乾燥したり腐りかけた食材がドッサリと出てきた。奥が見えないから、手前に手前に、と入れ続けていたようだ。

食材をロスした原因には、食べ切れる量を買う、食べ切れる量を作る、ということができていないだけでなく、根底に「冷蔵庫に入れておけばなんでも長く保存できる」という一辺倒の「冷蔵庫安心感」で、冷蔵庫の庫内点検、整理をしないことがあるようだった。これでは食材を生産、提供、販売する多くの方の仕事が無駄になるというものだ。

冷蔵庫は「安心庫」ではない、ということを、嫌というほど思い知らされた体験であった。

冷蔵庫の便利さに甘えてたくさんの食材を一度に買い込んで保存すると、かえって食材の管理が難しくなって、冷蔵庫の在庫状況に振り回されてしまう。そうならないために、次のことを徹底したい。

・冷蔵庫選びは慎重に

冷蔵庫は大型が主流のようだが、果たしてそのサイズが本当に自分の暮らしに合っているかどうか、慎重に選びたい。食材を買うのに遠くまで足を運ばなければならないのだとしたら、一度にたくさん買い込むだろうから冷蔵庫は大型がいい。また、家族が多くあっという間に食材を食べ切ってしまうなら、大型のほうが無駄が少ない。でも、買い物に便利な所に暮らしていて、しかも少人数家族なら大型は要らない。冷蔵庫は、自分の家に適したフル活用できるものを選ぶといい。吟味に吟味を重ねよう。

・家の冷蔵庫は食材の仮置き場

食材は調理して食べ切る。食材管理は、そのためのひとつの術で、食材を仮置きするのが、家の冷蔵庫だ。元の食材管理場所は、産地↓集荷場↓販売店などだ。家に食材がなくても不安に思うことはない。販売店に行けばいい。ここは勘違いしないように。

・冷蔵庫内は60％、冷凍庫内は１００％の収納量を保つ

冷蔵庫が満杯状態では、冷気の流れが滞り、食材を傷める。常時60％を守るように。一方で冷凍庫は１００％にすると、エネルギー効率がいい。冷蔵で食べ切れない食材は、冷凍にすると無駄が出ない。

・庫内を見やすくする

庫内の食材を取り出しやすく、仕舞いやすくするためには、どこになにが

あるか、見えるようにするのが一番。在庫状況が一目で分かれば、まだある食材を誤って買い足したりせずにすむ。

・常備品には指定席を

牛乳、卵、飲み物などの常備品には、指定席が要る。指定席があれば、消費状態が一目瞭然になる。少なくなったら、指定席に入る量だけ補充、購入がしやすい。

・庫内チェックは週1回

庫内に食べ忘れているもの、食べ切っていないものはないかなど、チェックして始末し、食べ切っていくサイクルを作る。食材は徹底管理して食品ロスをなくしていく。

・庫内清掃

冷蔵庫内だから、衛生的だと思わない。開け閉めの頻度が高いほど、汚れも溜まる。汚れに気が付いたら清掃しよう。庫内清掃には、アルコールがいい。乾いたキッチンペーパーにアルコールを吹きかけ、それで、一段ずつ拭く。パッキンも忘れずに拭いておこう。

始末料理あれこれ。食材や惣菜が残ったら、どうするか？

ドイツ・ニュルンベルクにホームステイした時、私の大好きなポテトサラダが、じゃがいもの始末調理だったことを初めて知った。そう言えば、じゃがいもはドイツの主食というほど食べられていたから、当然、茹でたじゃがいもも残ることがあろう。

また南ドイツ・フライブルグ地方では、固くなったパンの残りと小麦粉を合わせて団子状にして茹で、焼いたショルダーベーコンと一緒にいただく「クヌードル」という名の始末料理があることも知った。クヌードルは、残るとそれにアイスクリームを載せ、デザートにもなる。

これらはドイツの主食であるじゃがいもやパンの、立派な始末料理の一品だった。

日本の糠漬けだって、始末料理だと私は思う。生鮮野菜のキュウリ、ニンジン、茄子、大根、蕪、白菜などが残った時に、生み出されたのではないだろうか。糠自体も、米を精白した後に排出されるものだから、正に始末料理だ。

豆腐を作った後の、おからだってそうだ。それを、美味しく食べるのに、おからにアサリ、挽肉やネギなどを加えて、始末料理の一品にしたのだ。

現代、多くの食品が廃棄されているが、まだまだ、始末していくことができるはずだ。冷蔵庫で時間を経たものは、少し考えて、始末料理を考案してみてはいかがだろうか。

・刺身の始末料理

・合わせ調味料（生姜、出汁、醤油、酒、みりんなど）をひと煮立ちさせ、そこに、サッと潜らせる。それをご飯に載せて丼に。

・刺身に衣を付けて揚げ、天ぷらにして、天丼にしても。

・焼魚の始末料理

・焼き魚を電子レンジで温めてほぐし、スライスした玉ねぎと一緒にサラダに。

・ほぐした焼き魚、炒り胡麻をご飯と混ぜ、混ぜご飯に。
・ほぐした焼き魚に醤油、みりんを加えて炒め煮し、そぼろに。炒り卵や茹で野菜と合わせてご飯に載せて、三色丼に。

・野菜の煮物の始末料理

・白和えの衣をまとわせて、白和えに。
・パン粉をまとわせて揚げ、フライに。天ぷら衣をまとわせて揚げても。
・醤油、酒、みりんですき焼き風に煮て、卵でとじる。

・野菜炒めの始末料理

・フライパンで温め直し、水溶き片栗粉を加えてトロミをつけ、豆腐、茹で大根、蕪、焼きそばなどにかける餡に。
・天ぷら衣をまとわせて揚げ、かき揚げに。

・茹でた麺類の始末料理

・すまし汁の実に。
・茶碗蒸しに具材として入れる。
・野菜と炒め合わせてパスタ風に。

・玉ねぎやベーコンと合わせ、ホワイトソースとチーズをかけて焼きグラタン風に。

こんなふうにいろいろな始末料理が考えられるが、それより前に、完食できる分量を作り、食べ切ることが大切だ。

簡単レシピ8

私の定番料理8品を紹介しよう。どれも1、2、3の手順におさまる簡単料理だ。

・**煮豚**

1　豚肉（肩ロース）に、塩、コショウを振り、フライパンで表面に焼き目をつける。

2　鍋に豚肉とかぶるくらいの水を入れ、固形ブイヨン、ベイリーフ、赤ワインを多め、醤油を加え、長葱を適当に切って、肉に蓋をするように被せて、弱火でじっくりと煮込む。

3　肉に串を刺し、スッと通るようになったら、火を止めて余熱で煮込む。

・シュークルート

1　キャベツ1個を千切り、ベーコン10枚を適当な長さに切る。豚塊肉（肩ロース）に塩、コショウを振る。

2　フライパンに、オリーブオイルを入れ、ベーコンを炒め、さらに豚肉を、表面にサッと焼き色が付くまで焼く。

3　鍋にバター、オリーブオイルを入れて熱し、キャベツをザックリ炒め、蓋をして弱火に。嵩《かさ》が半量ぐらいになったら、塩、コショウ、白ワインを加え、沸騰させてアルコール分を飛ばす。さらに、水カップ2を加え、ベーコン、豚肉を入れて、蓋をして弱火と中火の間の火力で煮込む。豚肉に串を刺し、スッと通ったら、白ワインビネガーとソーセージを加えて少し煮込み、最後に醤油、塩、コショウで味を調える。

・春雨炒め

1　春雨に熱湯をかけてもどし、食べやすい長さに切る。ピーマン、ニンジン、シイタケ、ハムなどを細切りにする。

2　フライパンに、オリーブオイルを熱し、溶き卵を入れ、スクランブルにする。別皿に、取り出しておく。
3　同じフライパンにオリーブオイルを熱し、野菜、ハム、春雨を入れて炒め、出汁、日本酒、塩、醤油で味付けし、卵を炒め合わせる。

・白菜と鶏肉団子スープ

1　白菜はザク切りにする。鶏ひき肉をボウルに入れ、砂糖、塩、コショウ、マヨネーズを加えて練り、団子状に丸めておく。
2　鍋に水を入れ、中華顆粒出汁を入れて煮立たせ、白菜、鶏団子を入れ、団子の中まで火を通す。最後にスープの味をみて、塩、コショウで味を調える。

・筍のはさみ揚げ

1　茹で筍（水煮でもよい）の根本の太いところを輪切りにする。
2　ボールに鶏ひき肉、刻んだ小エビ、刻みネギ、刻みシイタケ、塩、コショウ、片栗粉を加えて、タネをよく混ぜ合わせる。
3　筍2枚でタネを挟み、小麦粉、溶き卵、パン粉の順で衣をまとわせ、熱した揚げ油で揚げる。

・鶏肉とアサリのローズマリー炒め

1　一口大に切った鶏モモ肉、オリーブオイル、塩、コショウ、ローズマリーをポリ袋に入れて、一晩寝かせる。

2　アサリは塩水に浸け、砂を吐かせておく。パプリカは食べやすい大きさに切る。

3　フライパンにオリーブオイルを熱し、ポリ袋の材料をすべて入れ、鶏肉に焼き目がついたら、白ワインカップ1、アサリ、パプリカを入れ、蓋をして中火で煮る。

・かき和え膾《なます》

1　麩《ふ》を水でもどし、細かく切る。キュウリは半月に薄切りし、塩を振って水気をしぼる。ニンジンは千切りにして、出汁、砂糖、日本酒を入れた鍋で煮る。レンコンは薄切りにし、水、酢を沸かした鍋でサッと煮る。干しシイタケは湯でもどし、出汁、砂糖、塩、日本酒、醤油を入れた鍋で煮る。菊は花びらを取り、水、酢を沸かした鍋でサッと茹でる。

2 練り胡麻に、砂糖、酢、醤油を加え、よく混ぜ合わせる。

3 2にすべての材料を入れ、和える。

・**茄子と万願寺唐辛子の煮浸し**

1 茄子は細切り、万願寺唐辛子は種を取って細切りにし、水気を拭き取っておく。

2 そばつゆを水で薄め、生姜の搾り汁と生姜の千切りを加え、漬け汁を作る。

3 フライパンに油を多めに入れ、茄子、万願寺唐辛子をよく炒め、漬け汁に漬ける。

台所から出るごみの始末

ごみは、私たちが生きるために出した排出物だ。

生き物は尿や糞を排出しているが、それらは自然界の循環へと取り込まれ、わざわざ「ごみ」の形で始末されることはない。もし、イリオモテヤマネコがごみを始末していたとしたら、見学したい！

だが、人の暮らしから排出された、ごみはどうだろうか。

私たちが調理の過程で排出するのは、生ごみだけではない。

容器包装のプラスチックごみ、発泡スチロール、段ボールなどの紙ごみ、ペットボトル、ワインや焼き肉のたれなどのガラス瓶、調理器具やポリバケツなどのその他のごみといったものが、台所から排出されている。

私たちは便利で機能的、手軽な調理器具、容器・包装が開発されれば、その多くを暮らしに取り込んで利用する。その結果、生ごみだけではないごみも多く発生することになったのだ。

廃棄されたペットボトルが、時を経て海洋で細かく分解され、海洋生物が飲み込んで不具合を生じるなどという結末が発生しているのが現実だ。これは私たちの暮らしが招いたことだ。

その反省の上で、ごみのリサイクルは、原材料に変換できるものは変換を促し、資源を節約するために始まった。かれこれ数十年前からのことだが、私たちはキチンとそのルールを実践しているだろうか。

私は暮らして25年になるマンションのごみ置き場を、ごみ出しのたびにそれとなくチェックする。たった47世帯のマンションなのだが、どうしてなのだろうと住人の人格を疑ってしまいたくなるほど、ルール通りに分別されている様子がないのだ。といって、ひとりひとりのごみを開けて分別するわけにもいかない。

私たちの暮らした末には、ごみが残る。ごみは地球に捨てられる。ごみは、人間社会の内で始末していかねばならないと思う。

暮らしから排出するごみは、資源でもある。ルールに則した排出をしていくのが、死ぬまで続く責任ではないだろうか。

水と火を節約しよう

キッチンで使用する水と火は、エネルギー効率の意味でも、また経済的面からも、節約が望まれる。

蛇口を捻ると出る水、スイッチで点火する火は、何気なく使っているが、これらの元になる天然資源は無限ではないはず。気候変動を実感する今、枯渇するその時をできる限り引き延ばすためにも、水とガス・電気の節約は、地球に暮らす全員で取り組まなければならないのではないだろうか。

水の節約はキッチンだけの話ではないが、まずは、調理器具、食器などを洗う時の水を節約することから始めたい。

キッチンでの洗い方について面白かったのが、20年程前にフィンランドにホームステイした時のことだ。当時、私は50代だった。

普段は別に暮らしているという母と娘で、洗い方が違った。母は、洗い桶に溜めた水に洗剤を入れて薄め、そこへ調理器具や食器を一つずつ入れて、キッチンブラシで擦って洗う。濯《すす》ぎは、流し水で流しながら。一方娘は、いきなりスポンジに洗剤をたらして調理器具や食器を擦り、水を流しながら濯いだ。洗い桶などは使用しない。二人とも、洗い終わったものはシンク上の網状棚に載せて乾かした。

60代の母は溜め水、20代の娘は流し水。この違いは、水の節約を意識してきた世代かどうかによるのか、それとも、普段同居する家族の人数、洗いものの数によるということか。

当時のヨーロッパでは、水の節約は当たり前のことで、どちらかといえば溜め水を推奨されることが多かった。

私も、来客などがあって、洗い物の数が多い時には洗い桶を使うが、ひとりだけの時には、数量が少ないので流し洗いをしている。ただ、水量は極力少なめにして、現在まで継続し続けている。

野菜、米を洗う時も、水は節約できる。

野菜は、泥が付いているもの、例えばじゃがいも、牛蒡などは泥付きで皮をむき、水で洗う。泥を落とさずに皮をむくほうが節水になる。潔癖な人は何度も水を流して野菜を綺麗にするが、生で食べる時は別にして、煮物の場合は、皮をむいてから一度洗いするだけで十分だ。お米を洗ったとぎ汁は気が向くと植物に撒いている。忘れることのほうが多いのだが……。

問題は、魚や肉のトレーを洗う時だ。リサイクル収集に出すようになり、家に溜めておくことが多く、夏などは臭いの素にもなってしまう。それでサッと水で洗い流すが、この水が結構多いと私は思っている。ここを節水できるといいのだが、冬以外の季節では相当に難しい。

次が火である。ガス、電気の使用をできるだけ節約したい。

最も節約を意識して工夫する調理というと、野菜を茹でる時だろうか。私は一つの鍋で灰汁《あく》の少ないものから順に、３種類くらいを茹でている。例えば、小松菜、インゲン、ニンジンといった順だ。じゃがいもとニンジンなら、一緒に茹でる。場合によっては、同じ鍋に小さな笊《ざる》を入れて、卵や絹サヤなどを茹でることもある。

とにかく水から湯を沸かす時にかかるエネルギーを節約する術である。

もうひとつが余熱利用術。煮込み、煮物、茹で麺などは、火が材料にほとんど入ったかな、という半歩手前で火を止め、余熱で仕上げることにしている。余熱時間は食材により、数分～１時間ほど差があるが、余熱ほど便利な術を、火の節約に使わない手はない。余熱時間を詳しく調べたわけではないし、材料や分量などによると思うが、慣れると勘が働くようになるので、敬遠しないで試してみてほしい。

近頃の夏は暑さが厳しいので、キッチンでの調理を避けがちだ。こんな時こそ、火を節約する術を身に付ける時かもしれないと思っている。ぜひ、チャレンジしてみてはいかがだろう。

第 5 章

ラクしておしゃれに着続ける

おしゃれは着続けが肝心

フィンランドでホームステイをしたテッカ家のリサは、毎日、同じ服を着ていた。それまで、毎日同じ服を着る人に出会ったことがなかったから、私はとても驚いた。

そこで、クローゼットを見せてもらって、また驚いた。収納されていたのはたった10枚足らずだったのだ。日本人が所有している数は、およそ200枚と言われているのに！

リサは少なすぎるかもしれないが、私たちの持っている枚数も多すぎる。リサには着忘れ、持ち忘れなどないだろうが、私にはたくさんある。クローゼットの奥にしまい込んだり押し入れに眠らせたり、痩せたら着ようと思って仕舞っていたり、すべてを着まわせているとは言えない。

歳を重ねるにつれ、今日着る衣類を探すことが至難なほど衣類を持って探し物に無駄な時間を費やしたり、頻繁に着ているわけでもない衣類の管理・

維持に多くの時間や費用を費やすのは、もったいないと思うようになった。

ファッションは自己表現、自己主張をする最も簡単なツールで、私も夢中になったものだが、現在では着るモノだけではなく、インターネットを使用したSNSも含め、様々な自己表現ツールが登場している。

装う衣類のおしゃれも、これまでとは様変わりをしていると思う。流行の衣類を買わずとも、すでに持っている衣類をシッカリと着まわし、清潔にこざっぱり着続けることが、「おしゃれに着こなす」ということなのではないだろうか。

今こそ、自分のおしゃれスタイルを見つける

社会の変化のうち、特に移り変わりが激しいのが、装う衣類のおしゃれである。

若い頃、少し長めのロングスカートが流行り、次に超ミニスカートが流行った。その後も、スカート丈の流行は移り変わったが、今、再びロングスカ

ートが流行っている。こうして流行は時代の世相を反映し、繰り返している。若い頃は、誰しもおしゃれに興味を持って、その時々の流行りを追いかけようとする。そして不思議なことに、第二の人生時間を過ごしていた頃は、追いかけても追いつけるほど、おしゃれがフィットした。

しかし、第四の人生時間ともなると、追いかけようにも、なぜか、流行と隔たりができており、自分にフィットする感覚が薄れるのだ。これは、流行りが若い人を中心として作られているせいか、あるいは自分の体形や感性が変化するせいなのか。いずれにしても、流行りが似合わなくなってくる時がある。

流行りがフィットせず、追いかけようもなくなった第五の人生時間ぐらいから、人は、本当の意味での自分のためのおしゃれ、自分らしいスタイルを見つけ出そうとするようになるのかもしれない。

私も、流行りを追いかけていた時代が長くあった。満杯のクローゼットから、今日着る衣類を探すことが至難なほどだった。さすがにミニスカートなどはすでに持っていなかったけれど、ほとんどの衣類は整理もしないまま、次々と新しい流行りの衣服を買っては、クローゼットに収めていた。

私の定番は、キャリアウーマンがこぞって着ていた流行の最先端のセットアップのスーツだった。ところがある時、鏡の姿を眺めてみると、「えっ、似合わない」とハッとした。どこか「フィットしない」「体型に合わない」と気づいたのだった。

自分のおしゃれスタイルを探し始めたのはそれからだ。

結果的に、ストレートパンツに、夏はシャツ、冬はセーターかジャケットとインナー（シャツあるいはTシャツ）に変えた。今もこのスタイルに大きな変化はないが、パンツにジーンズを加えて、どこに出かけるにもこのスタイルである。

自分のおしゃれスタイルを決めると、必要な衣類の枚数も少なく、整理しやすい。また、なにを着て行こうかと悩む必要がないのが、一番ラクになった。クローゼットの衣服をあれでもない、これでもないと探したりせずにすむので、気持ちも落ち着く。

なにより流行りに左右されないので、探す足を運ぶことも少なくなって、経済的にも時間的にもラクだ。これからは歳相応の、自分スタイルの色を決めていきたいと思っている。

衣類の数を限定する

「私なんて、昔からおしゃれスタイルを決めているわよ」という方もおられるだろう。でも、クローゼットに保管している衣類の枚数は、どうだろうか。昔と変わらずに、多くの衣類を眠らせ、仕舞い込み、着忘れていないだろうか。スタイルを決めても、相変わらずたくさん持っているなら、考えものである。

衣類は、着るためにある。着ない衣類を眠らせる理由などない。持ち数が多ければ、忘れることが多くなり、衣類がもったいない。持ち数を制限して、忘れることなく着倒したい。

あるお宅の物置きを整理した時に、夫が最初のサラリーで買ったというスーツがあった。なぜか取ってあると言う。思い出深いモノではあるのだろうが、それを取っておいて、どうするつもりだろう？　写真に撮って残すなどでもよさそうだ。

衣類を残しておきたがるのもまた、手離す覚悟、勇気、決断ができないせいなのではないか。両手に溢れるほどモノを持っていては、次に、欲しいモノがあったとしても、持てない。手の中の要らないモノを手離してやっと、次が手に入る。これと同じことが衣類にもいえるのだ。持ち数を減らしてこそ、次の新たな衣類が手に入る。

ちょうどいい枚数は人により違いがあるだろうが、２００枚は多いし、10枚は少ない。80～１００枚といったところだろうか。

私は今、１３０枚ほど持っている。まだ減らせる余地があり、これからの課題である。自慢ではないが、年中、衣類を整理し、限定し、減らし、その都度、お引越しですか？　と尋ねられるほど。それだけ整理していても、すべてを着まわし、着倒せていないと思う。

私は将来、介護サービスの受けられる施設に移住するつもりなので、もっと減らさなければ、と考えている。施設はいわば合宿所暮らしになるから、着たきり雀でもいけないのかな、などと思い、まだ最終減量ができていないのが実際だ。

第五の人生時間のステージに突入する前までには、この持ち数をなんとかしなければ……。

衣類整理は4つのルールで

大人の衣類の整理は、つい先延ばしになりやすい。

子どもの衣類なら、成長に伴ってサイズが小さくなったり、消耗が激しく、すぐに着られなくなったりするので、要・不要が判断しやすいが、大人の衣類はそうではないからだ。

「いつか、今度」など、出ないお化けのようなことを言わず、ルールを決めておくといい。そのルールは——

・衣類は腐らない。だからこそ賞味期限は自分で決める

衣類は食べ物と違って腐らない。特に大人の衣類は、ほつれたり破れたりもそうそうしない。食べ物のような賞味期限がないので、要・不要を判断しにくいのが問題だ。ならば自分で決めるしかない。

決め方は3つある。1つ目は、未着用期間で決める。例えば3年着ていないなら、賞味期限とする。2つ目は、体型に合うか否か。3つ目は、似合うか否か。いずれにするかは自分で決める。賞味期限があれば、整理に手が付けやすく、整理にかける時間も短くできる。

・容量は一定

クローゼットは容量が決まっている。はみ出したら整理する、と決めておくといい。例えば、クローゼットの幅は80㎝、これは一定である。衣類をハンガーに掛けた幅も、4㎝程とほぼ一定。それなら、80÷4で、20着の衣類がクローゼットに収まるはず。ここからはみ出したり、ギュウギュウに押し込まなければならないようなら、減量する。

タレントでもあるまいし、どんなにおしゃれをしても、自分が気にするほど人は見ていないし気にしない。それより、クローゼットがスッキリして、余裕あるほうが気持ちいいし、探すにも手間がない。

・衣類のチェック時を決める

衣類の整理をするのは、春先がいい。引っ越し、移動、勤務変えなどで、暮らしが変化するのが、春先だから。要・不要のチェックをするためには、衣類を着てみることだ。年齢や体型の変化などで、合わなくなっていることがある。年に1度、こうしてチェックすることで、整理できる。

・衣類整理後の行方を決める

不要と判断した衣類は、その後どうするかを、キチンと決めておきたい。私は、3つの行方を決めている。

1つ目は、リサイクル店に送る方法。他の人に活用してもらうために、送料は自分持ちで送っている。リサイクル活動している団体で、店舗も併設している。10年程前から、利用させてもらっているが、衣類だけでなく、食器なども引き受けてもらえるのが都合いい。

2つ目は、古布として、掃除に活用する方法。裁つ手間が少し要るが、それも活用の内。小さく裁って始末しておくと、いつでも、どんな時でも利用できる。例えば、Tシャツは衿ぐりを取り除いて、袖を外し、脇縫いと肩縫いを裁って身頃を10㎝四方、20㎝四方、30㎝四方の3種類の大きさに切り分けておく。ワイシャツの場合は衿とカフスと前立てを除き、袖を外し、同様に3種類の大きさに裁つ。こうして作った古布は、小さい布は細かいところに、中くらいの布は拭いたり擦ったりする時に、大きな布は湿気を取ったり、水分を吸収させる時に使う。古布はさんざん活用した後だから、気持ちよく使って捨てられる。

3つ目は、廃棄だ。着ることが不可能なほど傷んでいる場合には、迷わずにごみとして廃棄している。

こうして、自分の衣類整理ルールを決めておくと、気ラクなはずだ。

衣類は眠らせずにドンドン着よう

「ブランドの衣類だから、ここぞ、という時に着よう」「高かったから、普段は着られない」「お気に入りだし、もう手に入らない貴重なもの」「思い出の衣類だから」「時代遅れで、もう外出着には着られないから」などの理由で、めったに腕を通すことのない衣類がタンスの奥、クローゼットの端、押し入れの上などに眠っていないだろうか。

誰にでも、数えるほどしか着ていない衣類が、1着や2着あるはずだ。そのまま仕舞い込んでおいて、いいのだろうか。

衣類は、繊維、エネルギー、労力をかけて、製造されたものだ。埋もれさせておいても価値がなく、もったいない。衣類は、着てこそだ。

あるお宅に、衣類の整理に行った時のことだ。夫の衣類は数十着しかなかったのに、妻の衣類は、夏、冬合わせて数千着はあった。この数千着、全部着終わるのに、何年かかるのだろう？　つい、考えてしまった。覚えていられないほどの枚数を所有していたのだから、整理したい気持ちは、分からないでもなかった。

彼女だけではない。その頃の私だって、似たような衣類をドッサリと所有していた。よくセットアップを間違えて、出かけた先の明るい場所でようやく違いに気が付く始末だったのだから、人のことはいえない。

これでは、宝の持ち腐れになると考えて、衣類整理を実行した。つくづく思ったのは、前に述べた通り、衣類賞味期限のことだ。衣類は、流行りが大きく関係している。いくら高かった、昔流行った、有名デザイナーのデザインだなどといっても、着なければ、あっという間に期限切れになってしまう。着なければ、価値がないのが衣類だ。

それが分かってからは、ドンドンと着ることに決めた。パジャマ代りに、普段着に、一日に何度も着替えてでも、時や場所もかまわずに着倒した。着ると納得できた。これは不思議なのだが、着なかった時に感じていた衣類に申し訳ないような気持ちが消えていった。それほどに、衣類を作るのにかかった資源やエネルギーを無駄にしていたことへの申し訳なさ、後悔、罪悪感といった気持ちを抱えていたのだろうか。

賞味期限切れが来る前の鮮度のいい時にもっと着倒していれば、より気持ちよく着られたのに、失敗した。食べ物だけではない、衣類にも鮮度があることが、ハッキリした。

しまい込んでも、衣類は決してお宝にはならない。着忘れている衣類を見つけたら、ドンドン着て、一枚残さず袖を通しておこう。

衣類ケアの基本は休ませてブラッシング

ところで、衣類のケアについては、どうしているだろうか？

衣類はすべて、繊維から製造されている。基本は、繊維を休ませるのが、第一である。衣類をハンガーに掛けて、形を元のようにして吊るして湿気を飛ばし、2、3日休ませるのだ。繊維には回復力があるので、吊るしておくと自然に回復していく。Tシャツ、ワイシャツ、スーツなど、どんな衣類でも同じだ。長期間着続けた時には、特に時間をかけて休ませることだ。

次にブラッシングする。Tシャツにも、ブラッシングするの？　といわれそうだが、そうなのだ。繊維を休ませた後、よりきれいに回復させるためには、ブラッシングが効果的だ。

衣類は身体に纏われるから、身体が折れる、曲がる、伸びる、座るなどの動きに合わせて、繊維も折れる、曲がる、捻じれる、倒れるなどして、乱れる。それを手っ取り早く回復させる方法が、ブラッシングだ。また、毛足表面のホコリやチリを払い、毛玉などを脱落させる効果もある。

Ｔシャツやジーンズなどは繊維が短いため、毛並みの乱れが分かりにくい。だから、頻繁なブラッシングは要らないが、それ以外の衣類、繊維が長い衣類なら、着るたびにブラッシングしたほうが、衣類の寿命は長くなる。ひと手間だろうが、長く着続けるために、手をかけてほしい。

ブラッシングの正しい方法は、ほとんどの人は上から下へ動かすのがいいと誤解しているようだが、そうではない。５㎝ほどの毛足のあるブラシでまずは全体を、トントンと叩くのが正しい。叩くことで、服にあるホコリが表面に叩き出されてくる。それを払うように、上から下へと、ブラシの毛先をササっと、動かしていくと、ホコリが落ちるのだ。洗面所、寝室など、ホコリが落ちてもすぐに掃除できる一定の場所でブラッシングをするとよい。

冬のコート、ジャケットなどの毛足の長い繊維には、効果てき面である。ぜひ、試してみてほしい。

洗濯&クリーニングを使い分ける

お気に入りの衣類に袖を通そうとして、変色したり、汚れが残っていたり、シミができていたりするのに気づいたことはないだろうか。衣類のケアなんて、面倒！　といってケアをしないと、衣類は傷んでくる。衣類に合わせたケアを定期的にしないと、衣類寿命が短くなるのだ。

私たちにできる衣類のケアは、休ませる&ブラッシングと、洗濯&クリーニングである。

これらのケアの方法や頻度は、衣類を着る時季で分けるとよい。

例えば、保温を目的にして冬に着る衣類と、通気よく汗や皮脂の吸収を目的にして夏に着る衣類で、ケアの方法は異なる。

冬に着る衣類は、繊維内に空気を多く保つことで保温性を高めたいので、休ませてブラッシングするのが、最も適している。だが、長年着続けていると汚れも残ってくるので、ドライ（水ではなく、石油やパークロルエチレンといった溶剤を使用する）クリーニングに依頼するのが、型崩れ、デザイン性などの点での適したケアになる。

クリーニングは人に任せることになるので、慎重に店を選ばなければならない。ただ安いからといって選ぶと、仕上がりが上手くなかったり、縮んでしまったりと、お気に入りの衣類が台なしになることもある。技術が上手いかどうか見極めるには、同じ衣類を、幾つかのクリーニング店に依頼して、評価を見極めることだ。価格と成果をキチンと判断して、失敗しないようにしたい。

夏の衣類は、汗や皮脂の吸収を目的として着るので、その汚れを落とす洗濯がケアになる。洗濯は、ドライクリーニングと違って水やお湯を使用し、そこに溶かした洗剤の力を借りながら、繊維に入り込んだ汚れを落とす。衣類全体を水かお湯に漬け、洗濯機の機械力で揉み洗いや叩き洗いをして汚れを落とすため、衣類の傷みが激しくなる。頻繁に洗濯をすれば、確かに汚れは落ちるのだが、衣類にダメージを受けやすくなる。

つまり、夏に着る衣類は、消耗が大きいということだ。この点に気を付ける。夏の衣類は洗濯の頻度を間違うと、ひと夏で着られなくなることもあるから、気を付けたい。

衣類を着る時季でケア方法の違いを挙げたが、時季以外にも、衣類の繊維の材質、デザイン性などを考え合わせ、どちらのケアにするか決めることだ。デザイン性重視ならクリーニング、頻繁に着用する服なら洗濯、といったように考える。

衣類は着続けると、汚れや皮脂が付着したり、繊維が乱れたり、湿気を吸着して保温性が低下したり、シミになったりする。定期的に、衣類に適したケアが必要なのは言うまでもない。

洗濯機は自分のマニュアルで使う

洗濯は洗濯機に任せて洗うのだが、所詮、洗濯機は機械である。ただ入れれば、汚れが落ちて綺麗になるというわけではない。機械は使い方次第なのだ。

洗濯機の特性を知ることから始めよう。洗濯機には、渦巻き式、撹拌式、それにドラム式という3タイプがある。

・渦巻き式

強、弱の水流を利用して、衣類同士を擦り合せ、汚れを落としていく。水流の力加減で、汚れの落ちが違ってくる。汚れ落ちはいいが、洗濯物同士が絡んで取り出しにくいのが難点だ。

・撹拌式

撹拌棒を取り付け、棒を左右に動かすことで、衣類を擦って汚れを落とす。渦巻き式の衣類の絡まりを解消させたものだが、汚れ落ちについては、渦巻き式よりは力が弱く劣る。現在では、このタイプは姿がなくなっているようである。

・ドラム式

洗濯機内にあるドラムを利用して、衣類を上から下へと落としながら、叩いて汚れを落としていく。ただ叩き方が真上からか、半真上からかなど、ドラムの仕組みにより異なり、汚れ落ちの効果が変わる。真上からのタイプの落ちがいいようだ。衣類の絡まりが少なく、入れやすく、取り出しやすい。現在の洗濯機の主流は、このドラム式となっている。ただ日本製ドラム式は、最近開発されたので、効果のほどは今ひとつ。ドラム式の歴史が長い海外製ドラム式は、汚れ落ち、洗い上がりの点でも日本製の比ではない。

どのタイプの洗濯機にするかは、わが家の洗濯物の種類と相談した上で選ぶようにしたい。

私はつい最近まで渦巻き式を使用していたが、残念ながら寿命が尽きて、国産のドラム式に変更した。ひどく衣類が汚れる機会がないし、海外製ドラム式と性能を比較したかったからでもあるが、正直に言うと、やっぱり海外製のドラム式洗濯機の汚れ落ちには敵わないというのが本音だ。日本企業はもっと、研究の余地ありだと思う。

洗濯機は初期設定されて私たちの手元に届く。使用しやすくするには、そのまま使うのではなく、濯《すす》ぎ回数、脱水時間などを、わが家流にして、設定を変更するといい。

洗濯機の取り扱い説明書をよく読むことも、大事な一歩だ。洗濯機はどれも同じという訳ではない。その洗濯機の特徴をシッカリと理解するためにも、説明書は必ず読む習慣をつけたいものである。

また、ひどく汚れた衣類が多い時には、洗濯機に入れる前にひと手間かけてから洗濯機を動かすと、汚れ落ちが大きく違ってくる。それについては、次で説明したい。

洗濯しすぎの日本人

第1章でも書いた通り、私の洗濯の頻度は1・5週に1回ほど。これを読んで、少なすぎる！　と思われた方もいるだろう。

「家事」のなかでも、洗濯は「好きな家事」ランク1位というし、掃除に比べると好きな人が多い。わが家の周りでも、マンションのベランダに毎日広がる洗濯物の風景を見ると、本当に日本人は洗濯が好きなんだなあと思う。

フィンランドにホームステイした時、ホストマザーが毎日同じ服を着ていたことについては、先述した。洗濯の回数を尋ねてみたら、月に1回だという。肌着はまた別だとは思うが、これには驚いた。だが逆に、日本人の洗濯好きに驚く外国人もまた、多いのだ。

たしかに、洗濯は機械でするから、比較的ラクで、毎日することに苦がないのかもしれない。清潔なのはいいことでもあるが、しかし、やり過ぎはどうだろうか。日本人の水の使用量を調べてみると、ひとり1日280ℓ超となるという。これは世界でも最大レベルの多さだ。日本の家庭の中で多く水を使うのは、お風呂とトイレ、そして炊事と洗濯で、洗濯は全体の15%を占める。

毎日洗わねばならないほど、衣類は汚れているのだろうか。そう考えると、家族暮らしであったとしても、週2回ほどで十分なのではないかという気がする。

水の使用量ばかりではない。電気エネルギーの節約にもなる。家のことに費やす時間も減る。

洗濯板と洗濯ブラシで部分洗い

洗濯物を洗濯機に入れても、スッキリとした仕上がりにならないことがある。靴下の底、シャツの襟や袖口、Ｔシャツの襟、ズボンの裾などといった部分だ。

人が動き、衣類のそうした部分と身体が繰り返し擦れ合う時、汗や皮脂汚れが繊維に浸透して、洗濯機の動きだけでは落とせなくなるからだ。

これらの部分的なひどい汚れは、ひと手を加えてから、洗濯機に入れる。洗濯ブラシか洗濯板を活用して、部分汚れに洗剤を浸透させておくのが、手っ取り早く、より綺麗に汚れが落ちる方法だ。このひと手が大変そう、とも思えるかもしれないが、後の洗い上がりに、格段と差が付くとしたら、活用しない手はない。

洗濯ブラシも洗濯板も、目的は同じだ。国により、洗濯ブラシか洗濯板か、どちらかを使う。日本やイタリアでは洗濯板、ドイツや北欧などでは、洗濯ブラシが使われているようだ。

洗濯ブラシは、衣類ブラシと同じように、台板にブラシを埋めたもの。ブラシの硬さで、汚れ落ちの良し悪しが違ってくる。台板に持ち手があるものと、ないものもある。洗濯ブラシと洗濯板では、どちらかというとブラシのほうが、使いやすい。使い方は、ブラシに水で濡らした固形石けんをつけて、部分汚れをブラッシングすればいい。ブラシの毛が密集して、硬めのモノのほうが扱いやすく、汚れも落ちやすい。

洗濯板は、板に波形の切り込みの入ったもので、この波形が鋭角なほうが、汚れ落ちがいい。波形の山部分に汚れを擦りつけて使うのだが、ここが小さな洗濯場となる仕組みとなっている。洗濯板の材質には、プラスチック製、木製などがあるが、波形の鋭角度からすると、木製がおすすめである。一枚手元において、部分汚れをスッキリとさせる時に使ってほしい。洗濯板の扱いには、少しコツが要る。まず、洗濯板に洗濯物の部分汚れを表にして載せる。汚れに水をかけて濡らし、固形石けんを汚れに擦って、塗りつける。裏返しにして、洗濯板の波形に汚れが当たるように、何度も手を上下に動かして、汚れをかきだしていく。

このひと手をかけるかかけないかで、汚れ落ちが違ってくるわけなので、手間と思わずに使いこなしてほしい。

洗濯用洗剤はどう選ぶ？

洗濯には洗剤を使用したほうが、汚れ落ちの効率がいい。

衣類の汚れを落とすには、汚れを衣類から離す力のある洗剤が必要だ。昔は、植物のサイカチ、ムクロジなどといった種子にその成分があって使われた。

石けんは簡単に言うと、油脂と苛性ソーダという物質を反応させて製造される。親水基（水と親しい）と親油基（油と親しい）という反対の性質を持つ界面活性剤と呼ばれる洗剤の仲間で、最も単純なタイプだ。

界面活性剤は、２つの性質を持つことから、水に溶いて洗濯に使うと、汚れである皮脂汚れをグルリと活性剤が包み込み、衣類から引き離し、洗い流すという働きをする。

合成洗剤は、石けんより複雑な構造を持った界面活性剤で、洗浄力は抜群だ。特に、ミネラル分を多く含む水（硬水）を使用する欧米では、石けんを使うと石けんカス（いわゆる金属石けん）が発生しやすいが、合成洗剤ではそれがないため、便利に使われている。

日本の水質は軟水（ミネラル分が少ない）だが、やはり石けんは、石けんカスが発生したり、石けんの残留によって衣類が黄ばみやすいなど、使用しにくい点があって、合成洗剤への移行が進んだ。

私は、最初は石けん、合成洗剤が主流になってからは合成洗剤、そして合成洗剤による排水泡残留や河川や海洋の富栄養化が問題になってからは、再び石けんを使用して現在に至っている。

石けんにしても、合成洗剤にしても、化学物質であることには違いないから、私は使用量にこだわっている。排水されてからどのように分解されるか、環境負荷を考えて、使用量は極少なめで使うことを心掛けている。

着る人の年齢や着方にもよるだろうが、昔に比べると今は、衣類汚れは各段に少なくなっているから、洗濯も、1・5週に1回とし、使う洗剤の量もギリギリ少なくし、排水が行きつく海洋への影響を僅かでも減らしたいと願いながら洗濯機を回している。

黄ばみ汚れは過炭酸ソーダで

石けんを使っているせいか、白いTシャツ、キッチン用の布巾などが黄ばんでくることがある。シーツ、枕カバーといったものも、長く使用していると、黄ばみが出てくる。

そんな時、以前は、合成洗剤に含まれる酵素剤の力を借りる方法で黄ばみを除去していた。高濃度の洗剤を作り、その中に衣類を長時間浸して、酵素の力で汚れを分解し、その後他の洗濯物と一緒に洗濯していた。

今は合成洗剤を使う機会がなくなったので、過炭酸ソーダを使うことにしてみた。バケツに水を入れ、過炭酸ソーダを指示量入れて溶かし、黄ばみ汚れのある衣類を漬け置く。漬け置き時間は、黄ばみ具合にもよるのだが、大抵数時間から1日、と決めている。うっかり忘れる時もあるが、黄ばみの除去具合を見ながら加減している。シミ、茶渋などにも効果的だ。

ザッと絞り、その後は普段通り、石けんを入れて他の衣類と一緒に洗濯機を回す。衣類の色が薄くなることもあるが、黄ばみは消える。

取り扱いに注意が要るような強い漂白剤ではないので、気軽に使って、Tシャツやシャツなどの白さを取り戻せて、満足している。

シミには簡単シミ取り剤を使う

ワイン、ボールペン、ミートソースなど、衣類にうっかり付けてしまったシミはなかなか厄介だ。シミは、一度綺麗に取り除けたと思っていても、しばらくすると再び現れて、今度は消えなくなることもある。

これまでは、水性、油性、水油性、固形などと、シミの種類によって除去に使うものを変えて、時間をかけて気長に落としていた。しかし、すっかり元通りにはならない。シミひとつで衣類を無駄にしたくはないので、しばらくは着続けるが、時間が経つと結局は着なくなり、タンスの肥やしにしていることが多かった。

　ある時、ブラウス全体に赤ボールペンのシミを点々と飛び散らせてしまった。ボールペンのシミは落とすのがとても難しいと、経験的に分かってはいたが、お気に入りのブラウスだったので、どうしても元通りにしたかった。まず、これまで通りの方法でシミを薄くしたが、それでも目立つ。もうダメか……と諦めかけた時、友人が「ドイツのシミ抜き剤を使ってみたら」と教えてくれ、早速試してみた。

　シミの面積が広く、あっという間というわけにはいかなかったが、根気よく試したら完璧にシミが落ちて、シッカリ元通りのブラウスに蘇り、飛び上がらんばかりに、喜んだ。

　以来、このドイツ製シミ抜き剤があれば、鬼に金棒。ワインだって、ボールペンだって、ケチャップだって怖くない。ドイツに行った時に探してみた。すると薬局ではなく、スーパーやコンビニなどにあった。ドイツ在住の友人に聞けば、雑貨として有名なモノだという。もっと早く、日本に紹介してほしかった。

もう一つ、ドイツ製で、牛の胆汁を加えて作られた石けんがある。この石けんのシミ抜き威力も、かなりのものと聞いて買ってきた。

家で友人が集まった時に赤ワインを開けたのだが、発泡だったため噴き出して、白のブラウスを着ていた友人たちが、頭からワインを被った。すわ！と、衣類を脱いでもらい、例の石けんで洗っておくと、帰るまでには、すっかりシミは消えていて、皆で驚いたこともあった。

さすが、ドイツ製、おそるべし。

この2つの、シミ抜き剤と石けんは、私の洗濯の強力な味方であり助っ人である。以前なら赤ワインのシミなど諦めるしかなかったが、この製品を知った後は諦めなくても元通りにできるという確証が持てたし、衣類を無駄にする機会がなくなった。これは、衣類をラクに、長く着続けるためのツールでもあるということだ。

一家にひとつ、シミ抜き剤を備えてはいかがだろうか。

洗濯物は干し方勝負

洗濯物が乾いた時の仕上がりは、干し方で大きな差が出る。

まず、洗濯機が止まってから干すまでに、時間をおかない。洗濯物に水分が残っている状態の時に形を整え、シワを伸ばし、縫い目を引っ張り、袖を伸ばし、前立てを整え、フリルの形を綺麗にして、襞を叩いて、仕上がりの形に干せるかどうか、ここがポイントだ。

洗濯物に水分が残っていないと、シワ、縫い目、袖などは伸びにくい。繊維は水分がある時、形を動きやすく、整えることができるが、乾いてしまった後ではビクともせず、シワ、布目などが伸びないのだ。

だから、仕上がりをよく、アイロンかけをしたくなかったら、洗濯物の水分量を多めに残す必要がある。脱水時間の設定を上手くしないと水分は残らない。もし今、仕上がりにシワができているようなら、脱水時間を短くして（30秒ほどにして）、洗濯物の水分を残すようにしてみてほしい。

ハンガーや竿、ロープにかける前に、シワ、縫い目などを引っ張ったり、伸ばしたりする。手をかけて干すのが、よい仕上がりには欠かせない手だ。

こうした一手を、昔は、「水熨斗《みずのし》仕上げ」と呼んでいた。

和服の着物を着ることが多かった頃、洗濯は、和服をほどいて1枚の布にして、洗って、張り板という板に張り付けて干した。その干し方が、布の水分を残して熨斗のように仕上げることから、「水熨斗仕上げ」と呼んだようだ。

現在は和服を着ているわけではないけれど、水分を残すことで仕上がりをよくするという根っこは同じだと、私は思っている。だから、どんな衣類でも、洗濯をする時には脱水時間を調節し、水分を多めに残して、干す時にひと手間をかけて干し上げる。

洗濯機で脱水をかけ終わったら、衣類をシワシワのまま干すのではなく、ぜひ引っ張る、叩く、伸ばすなど、形を整えて干したいものだ。そうすれば、後でアイロンをかけたりする手間も時間も、要らない。

アイロンかけはポイントで

ピシッとアイロンの利いたブラウスを、スキッと着こなしている人に出会うと、「ああ、なんて素敵なんだろう！」と、うっとりしてしまうが、私だけだろうか。今、そんな人にはめったにお目にかかれないから、余計に希望を抱くのかもしれない。衣類の全面でなくても、どこかに少しアイロンがかかっているだけで、衣類は素敵に映る。

だが、最近は、みんなアイロンかけが苦手と見える。かくいう私だって、夏の酷暑時のアイロンかけなんて、願い下げにしたい。でも、ピシッとした着こなしには憧れる。

そこで、アイロンかけは、「ポイントだけでいい」と思うようになった。ポイントというのは、衿、前立て、ポケット、フリルというような部分のことなのだが、衣類の部分的なところにだけでも、アイロンが当たっているだけで、気分がいいのだ。

アイロンのかけ方は、衣類の繊維素材によって違いがあるのだが、ご存知だろうか。

繊維には、綿や麻など植物性繊維、毛などの動物性繊維、それに、ポリエステルやレーヨンといった合成繊維がある。

植物性繊維はシワになりやすいので、霧吹きで水分を与えて伸ばし、そこにアイロンの熱を押し当てるドライアイロンでかける。

動物性繊維は繊維に空気を含み、保温性を保つ特徴がある。アイロンは、スチームで繊維内の空気をふっくらさせるようにかけるため、繊維から少し離して、スチームを当てていく。

合成繊維はシワになりにくい。保温性も少ないので、とくにアイロンをかけなくてもいい。

繊維の特徴に合わせて、衣類のポイントだけにアイロンをかけるだけで、衣類にハリを持たせたり、保温性を高めたりでき、スキッと着られる。

ここぞとおしゃれにきめたい時は、ポイント部分にだけでも、アイロンをかけておきたい。

布団や毛布、冬物も自分で洗う

冬に使う布団、毛布、それに寒さから身体を守って保温するセーター、カーディガンなどは、毛繊維素材が主で、繊維の外側にうろこ状の片鱗があるので、水を使って洗濯すると片鱗同士が絡んで縮んでしまう。だから、家庭で洗わずにドライクリーニングに出すのが一般的だ。

だがこうした冬物にも皮膚からの汚れは付着するため、回数着ていると汚れが溜まって薄黒くなってくる。洗濯機を回す時間、水流、脱水などを工夫すれば、家庭でも洗えるのではないだろうかと、私はオドオド、ビクビクしながら試しに洗ってみた。

洗濯機の水温を28℃までにして、弱水流で3分、脱水は30秒と短くした。すると、思ったほどの縮みが起きなかった。ちなみにカシミアセーターでも試してみたが、多少の縮みはあるものの、それほど大きな問題はなかった。

洗濯機の標準水流を使ったり、時間も長く、脱水も強めにしない限り、ほとんど、問題はないと実感した。その時から、冬に着た物も、自宅の洗濯機で、水を使って洗濯することに変更した。

布団、毛布などは、中ワタを洗濯可能な素材であるポリエステルに切り替えて、洗濯を可能にしてみた。冬が終わって春、洗濯すると、とてもサッパリする。毎年洗濯していると、保温性は少し低下していくものの、ドライクリーニングの経済的な負担に比べたら、家で洗濯できるほうが安上がりだし、気持ちがいいと思うようになった。

これらの冬物を洗濯したのは、渦巻き式洗濯機であった。今は、ドラム式洗濯機に買い替えたので、この冬には、ドラム式・ドライ水流で再度試さなければと考えている。今はドラム式も進化を遂げたので、ほとんど問題はないと思うが、果たして、どうだろうか？　これればかりは実際に試してみないと分からないが。

衣類はすべて長方形にたたむ

私たちが所持している衣類の枚数は、２００着ほどだと、前に書いた。これほどの枚数をどうやって、保管しているだろう。私は、多く収納し、ラクに取り出せるように、衣類のたたみ方を工夫している。

どう工夫しているかというと、衣類の形をよく見て、収納場所の大きさに合わせ、できるだけ長方形にたたむのだ。

引き出しは長方形であるのだから、その形に近づけてたたむというだけのことで、なにも難しいことはない。どんな形の衣類でも、工夫してたためば、長方形を作り出せる。フードがあろうが、フリルが付いていようが、必ず長方形にできる。

Ｔシャツなら、まず袖を内側にたたむ。今度は収納場所の深さに合わせ、衿もとに裾を合わせるように、二つ折りか三つ折りにする。最後に脇を中心に向かって観音扉のように折る。

引き出しやタンスの大きさによって、衣類の収納枚数が決まってくる。収納枚数をできるだけ少なくすればシワができにくい。枚数を多くして、詰め込みすぎれば、シワになる。その道理さえ覚えておけばいいわけだ。

第 6 章

居心地のよい住まいで暮らす

心地よさは3分手を動かして作る

人が雨露を凌《しの》ぎ、安らかに休息や眠りを取り、安全で健康的、快適に楽しく暮らすためには居場所が要る。居場所は、わが家である。

わが家の形、大きさや内装、しつらえは暮らす人の自由でいい。しかし、居心地のよさだけは求めたい。心地よい住まいに必要不可欠なのが、衛生的であることではないだろうか。

いつ置かれたか分からない段ボール、取り敢えずと置きっぱなしになっている雑誌や書籍類、後で片づけようと思った衣類などで散らかった室内には、ホコリはもちろん、カビやダニが巣くっているはずだ。

「そのうち時間ができたら掃除をしようと思っている」という人の、「そのうち」はいつくるのだろう。時間は待ってくれない。気が付いたら時間ばかりが過ぎて、そこかしこ足の踏み場もなくなっていた、ということになるのではないだろうか。

気が付いた時、手を動かそう！

3分でいい。手を動かす。すると目の前からモノが消える。すると汚れが見える。その汚れも、さらに3分手を動かすと消し去ることができる。そして居心地のよい空間が手に入る。わが家の居心地は、自分でモノを動かし、汚れを落とすことで、よくできるのだ。

手を動かす時は、便利な道具を使ってもいいし、人を頼んでもいい。心地のよい住まいがあれば、健やかに暮らせるはずだ。

わが家を心地よい空間に保つには、家族の協力、努力も必要だ。同じ家に暮らす家族皆が心地よい住まいとはどんな状態かを考えて、手を動かさなければ、自然に維持されるはずはない。

人は汚れを生産している

暮らしの器である住まいで、家族が健康的、衛生的、快適に暮らすには、第1にモノを整理、片づけて、風の通りと流れをよくし、第2に汚れを処理する。この2つが、居心地よく暮らす条件だ。

モノを整理、片づけする方法については、第3章ですでに書いた。

風の通りと流れについては、コロナ禍でも頻繁に言われたことだ。

風の通りと流れを作るのはなぜか。それは、人が暮らす器を、外気と同様、清浄な状態に維持しておきたいからだ。大都会では外気自体が排気ガスなど様々な物質を含んでいて、清浄とは言い難い部分もあるが、それでも室内の空気が滞留すると、人が呼吸して吐き出した二酸化炭素量が多くなり、空気が汚れることになる。


話は地球規模になって逸れてしまうが、二酸化炭素のもたらす影響は多大だ。近年の人口増加と人間の経済活動のために地球上の二酸化炭素量が増大して、地球を覆う炭素層が厚くなった。二酸化炭素は、メタン、代替フロンなどとあわせ、温室効果ガスとよばれる。温室効果ガスは、太陽から流入する可視光の日射エネルギーを透過させて地表面を温め、地表から放射される波長の長い赤外線を吸収しやすい性質を持つ。そのため温室効果ガスが増加すると、地球に入る太陽放射エネルギーと地球から出る地球放射エネルギーとのバランスが崩れ、バランスが取れるようになるまで気温が上昇し、地球温暖化が進むと考えられているのだ。

さて、室内の空気のバランスを整え、風の通りと流れをよくする簡単な方法が、換気だ。換気は、室内の対角線上の窓を２つ開けて、１つの窓から風を取り入れ、もう１つの窓からは室内の汚れた空気を追い出す。この時、１つの窓は換気扇でもいいが、空気の入り口、出口、基本的に２つの出入り口が必要だ。

よく「換気扇を回しておけば、換気できるのでは？」と聞かれるが、これは間違いだ。１つ窓を開けるだけ、あるいは換気扇を回すだけといったことでは、窓や換気扇の周辺80㎝くらいの範囲の風しか動かない。これでは室内全体まで風は届かないし、外気の取り入れも、室内の空気の排出もできないので、まったく換気にならないのだ。

もうひとつ、私たちが生産している汚れが、水垢、油、ホコリなどの汚れだ。私たちが暮らすことで、暮らしの器である住まいに溜まっていく。

「嘘、汚れは自然にできるものじゃないの？」という声が聞こえそうだが、私たちが生産しているのだ。どのように、生産しているのか？　簡単だ。人は生きるために、動く。その動きで、汚れが生産される。

例えば、顔を洗う、歯を磨いて、水を飲む、油で調理する、衣類を着たり、脱いだり、寝具を使って寝るなどをする。こうした動きから、汚れは生産されている。

心地よく住み続けるには、風を通す、流す、汚れを消す作業が欠かせないわけだ。

汚れの種類は3つだけ

暮らしの技術のうち、たいがいの人があまり好まない技術が「掃除」だと、私は思っている。なぜ、掃除が好きになれないのか。

それは、汚れがどのようにできるのか、よく考えもせずに、ただ「汚れがある」＝「掃除をしなければ」、という図式に縛られているからではないか。汚れの素を知らずにやみくもに掃除するから、時間ばかりかかり、挙句、汚れは完全に消えてなくなってくれなくて、気力も体力も消耗するのだ。

加えて、掃除した後、またすぐに汚れる。これを不思議に思わずに、汚れたそばから掃除を繰り返すから、疲れて嫌になってしまうのだ。

「汚れがある」＝「掃除をしなければ」の前に、汚れの素を考えてみる必要がある。

暮らしの器である家のそこここに、たくさんの汚れが付く。本当にあちこちが汚れるから、その汚れを「私たちが生産している」というと、「本当に？　汚れは外からやって来るんじゃないの？」と、疑わしく思うのも無理はない。

しかし、汚れの素、汚れる原因が分かると、なあ〜んだ、ということになるはずだ。私たちの時間は有限で、掃除ばかりしてはいられないのだから、汚れに合わせた方法で、手を抜き、省時間で掃除しよう。

ハッキリ言おう。汚れの素は３つしかない。水垢、油汚れ、ホコリ汚れだ。基本的に３つしか汚れがないと知ると、もっと掃除がラクになり、肩の力が抜けるはずだ。

・水垢

水垢は水中に含まれる成分から発生する。水道水には、水分以外に極微量ではあるが、マグネシウム、カルシウム、ケイ素といった成分が含まれている。これらは水分に溶け込んでいるが、水分が蒸発した後に残る性質がある。私たちは、キッチン、浴室、洗面所、トイレなどの場所で、洗ったり、流したりと、いつも水を使っている。使うたびに水滴は周辺にはねて付着する。すると毎回、僅かながら水に溶け込んでいるマグネシウム、カルシウムなどの成分が、水滴が蒸発した後に残留するのだ。これが水垢の正体で、私たちが必死に取り除こうとする汚れの正体だ。

水を使わなければ水垢は付かないが、だからといって、水を使用しないわけにはいかない。水垢汚れは、溜まると厄介極まりない。付着して時間が経過すると、白いこびりつきとなって、擦ったくらいでは落ちないからだ。

歯石と同じ原理である。歯に歯石が付着すると、歯ブラシと歯磨き剤程度では落とせない。除去するためには、機械のお世話になる。

擦っただけでは落ちない水垢は、強力な酸成分を含んだ薬剤で溶かすしかないが、薬剤を使うのは危険も伴う。まずは水垢が溜まらないように、水滴をこまめに拭き上げるのが早道ということだ。

・油汚れ

読んで字の如く、油由来の汚れだ。最も油汚れが多く生産される場所はキッチンだ。油は最初は液体だが、料理中に熱された油は小さな粒となって空気中に舞い上がり、換気扇に吸い込まれていく。そして油が冷えると粘性が増して固くなり、さらに空気に触れて酸化すると、最後はタール状に固まる。

キッチンで調理しなければ油汚れは存在しないが、よほど裕福でもない限り、調理しないわけにはいかない。調理のたびに油汚れが発生するが、食生活を維持するためには、油汚れは発生させざるを得ないのだ。

油汚れは、私たちの身体からも出る。私たちは、手、足などに皮脂腺を持っている。身体を動かすと、その腺から脂が出る。手で触る場所、スイッチ、壁、機器類などにも、足が接触する床、畳などにも、脂汚れが溜まることになる。スイッチ周りが黒ずむ、床がべたつく原因は、私たちの身体からの脂汚れが付着したからなのである。油汚れは調理から、脂汚れは身体から出る汚れというわけだ。

・ホコリ汚れ

「さっき、床にモップをかけたのに、もう、うっすらと白いホコリ……」と、ホコリ掃除の頻繁さに嫌になる人も多いのではないだろうか。では、ホコリ汚れとは何か？

掃除機の集塵袋をひっくり返して中を調べると、そこに存在するのは、繊維の毛羽、髪の毛とちり、砂など。繊維は、一体どこから発生するか。

衣類、寝具、タオル、カーテン、カーペットなど、あらゆるところに繊維が使われている。衣類を着る時、寝る時、入浴後に身体を拭く時、洗濯機を回す時、干す時、取り込む時、たたむ時などに脱落する微細な繊維の毛羽が、ホコリの正体なのだ。動物などを飼っていれば、動物の毛も脱落する。これも、ホコリ汚れになるわけである。家中のいたるところで繊維は使われているから、思わぬところにホコリが溜まっているのも頷ける。

繊維の種類には、天然繊維、合成繊維、半合成繊維など、多種類ある。脱落のしやすさにも違いがある。天然繊維は脱落しやすく、合成繊維は、天然繊維に比べると脱落しにくい。半合成繊維は、その間くらいだろう。

もし、「わが家はホコリ汚れが多い」と感じているなら、使用している繊維の種類を調べてみるといいかもしれない。ホコリ汚れが多い場合、天然繊維を使用する量や頻度が高い可能性が大きい。

繊維を使う頻度や量は、家族の人数に比例する。家族が多ければ、繊維から脱落する毛羽の量も多く、ホコリ汚れの量も多くなるはずだ。

ホコリ汚れの特徴は、とても軽く、細かいので、室内の空気中を舞うことだ。人が動くたびに、ホコリ汚れは舞い上がるが、人の動きが落ち着くと、1時間ほどで上から下へと舞い降りてくる。

家族がバタバタする朝の忙しい時間帯には、ホコリ汚れは家中を舞い上がっているが、家族が出かけた後、静かに舞い降りてくる。

前に述べた換気の目的の中には、この繊維の毛羽であるホコリ汚れを、舞い上がっている間に、空気と一緒に家の外へと排出する目的もあったのだ。ホコリ汚れの掃除の時間や手間を省略するには有効な方法である。

私が実験したところでは、40分も換気すると、ホコリ汚れが排出されることが分かった。換気せずに窓を閉めたままにすると、ホコリ汚れは行き場を失い、室内に溜まることになる。ホコリ汚れを溜めないための第一歩は、換気なのである。

ラクに汚れを消すのなら

できるだけラクに汚れを消して居心地のよい住まいを保つには、汚れに合わせた頻度や方法を選ぶといい。汚れ別にすると、漫然とした掃除時間は不要になる。

・水垢

溜まった水垢は、歯石状に固まって、擦っても簡単には取れない。強力な薬剤を使うのは危険で、時間もかかる。だから、なにより擦って取れないような水垢汚れにしないのが、手っ取り早い。

つまり、水滴を取り除く。キッチン、洗面所、浴室などに水滴が付着したら、乾いた布で拭き取ると簡単でラクだ。それぞれの場所に乾いた布を置いておくだけで除去可能だ。水を使った後の３分の動作で完了である。

・油汚れ

水垢汚れの次に、厄介な汚れが油汚れだ。最も付着するのはキッチンの換気扇とその周りだが、油は熱を加えると緩む性質がある。つまり、暑い夏が絶好のチャンスだ。なにも冬の寒い時に掃除をする必要はない。

頻度は年に１回程度で充分、つまり１年は溜めていい。初夏、気温が28℃くらいになると、へばりついていた油汚れが緩み、落としやすくなる。洗剤を吹きかけてベランダに出して日光を浴びせると、面白いほどゆるゆると落ちてくれる。手間いらずとはこのことだ。

とはいえ、油汚れの溜まり具合は、日々の調理次第であるから、頻繁に調理をする人は、時季を選んで年に数回を目安にするといいかもしれない。

・ホコリ汚れ

ホコリ汚れの原因は繊維。でも、繊維を着ないわけにはいかない。まずはわが家のホコリ汚れの原因となっている繊維を考え、繊維の質を変更したり、使用をやめられるものがないか検討する。

例えばカーテンをやめて、ロールスクリーンにする。寝具の中綿を、綿や羽毛から、ポリエステル綿や化学繊維へ変更する。

また、直接ホコリ汚れを減らすことにはならないが、ホコリ汚れが頻繁に溜まる様子を見るのがストレスだというのなら、溜まったホコリ汚れを目立ちにくくする方法もある。床材を大胆にフローリングからカーペットにすると、もちろん繊維の毛羽は出るが、ホコリは目立たなくなる。

その上で換気をして、ホコリ汚れを排出したり、掃除道具で付着、吸引するなどの方法で除去するといい。

大切なのは、時間を有効に遣って、無駄なくラクな方法で掃除をすることだ。

ホコリ汚れは、効率よく始末できる時間帯がある。家族が帰る前の、夜の時間帯がねらい目。空気中に舞っていたホコリ汚れが落ち着いて動かなくなった時に、まとめて掃除するのだ。「掃除は朝に」と習慣にしている人もあるかもしれないが、現代には合わないし、時間がもったいない。

もうひとつ、ホコリ汚れには、人の動きに合わせて、隅へ隅へと動くという特性がある。短い時間で済ませたければ、隅、奥、隙間だけにピントを合わせて掃除するのもひとつの手である。どのように掃除してホコリ汚れを除去するかは、家族の人数や家族の生活習慣などに合わせて決めるといい。

ホコリ汚れは、一時も止まず、出続ける。時間帯や掃除法を見直して、ラクな時間帯と方法を選ぶのが一番ということだ。

目をつぶっていい汚れは

居心地のよい住まいを作る技術が、掃除である。

現代は核家族が一般的で、夫婦は共働き。親も子どもも忙しく、日々の暮らしにかけられる手が圧倒的に足りていない。当然、生命を維持するための「食」や、対人関係にかかわる「衣」が優先されるから、「家事の優先順位」は調理が一番で、子育て、衣類の洗濯と続いて、時間は目いっぱい、片づけ、掃除が後回しになるのも無理はない。

忙しい身としては、掃除には目をつぶりたくなることも多い。だが、目のつぶり方を知らずに、どれもこれも放置すると厄介なことになる。

そうなのだ。数カ月溜めていい汚れもあれば、溜めてはいけない汚れもあることを、知っておきたい。3つの汚れ、水垢汚れ、油（脂）汚れ、ホコリ汚れの経年変化を調べると、最も手強い汚れは水垢汚れ、次に油（脂）汚れ、比較的簡単なのが、ホコリ汚れだ。もうお分かりだろう。

そう、水垢汚れを侮ってはならないのだ。水垢を溜めると、蛇口は真っ白になって詰まり、水の流れが悪くなる。浴室などでは、そこへカビも発生する。衛生的な居心地のよい暮らしとは言えない。

一度溜まって固まった水垢汚れを落とすのは容易ではないし、そんなことに時間と労力を費やすのは、有効な時間の遣い方とはいえない。

次が油（脂）汚れである。換気扇、ガスグリル、ガスレンジなどに油汚れが溜まると、油が固まって機能低下を起こし、場合によると火災へと繋がることもあって危険だ。

一方で少々溜めても問題ないのが、ホコリ汚れである。ホコリ汚れは、溜まるとダニやカビ、害虫の住処になりやすくなるが、ひどいアレルギーを持っていたり、増えるダニが「イエダニ」のように人を刺す種類でない限り、すぐにひどい影響を受けない。もちろん、ダニの殻はアレルギー性喘息の原因になるし、カビも吸い込めば体の中で繁殖するが、毎日のように掃除しなくても「ホコリでは死なない」と、私は考えている。

こんなふうに考えると、そう頻繁に家じゅうを掃除しなくても、居心地よい住まいを整えられることが分かるのではないだろうか。

ただ漫然と「掃除しなければ」と思い、日々の掃除に追われている方は、自分のやりたいことのために遣う人生の時間をこれ以上無駄に減らさないために、お宅の汚れチェックをしてみることを、おすすめしたい。

掃除に遣っていた時間が、ぐ～んと減ること、間違いなしだ。

性格にもよるのだが、とかく年齢を重ねると、親から「綺麗にしなさい」「片づけなさい」と口うるさく言われることもなくなるし、近所との付き合いも通り一遍となって、とやかく干渉する他人がいなくなる。誰かに「綺麗好き」と思われる必要もない。

効率的な方法を考えて、自分らしく時間を遣えばいいと思う。

掃除は1回3~5分

汚れは僅か3種類しかないというのに、なぜ、掃除に苦戦を強いられているのだろう? 実は汚れに対峙しているのではなく、「掃除して、綺麗を保たなければ」と強迫されている感じではないだろうか?

掃除は、居心地よく暮らす手段であって、それが目的になってはとても耐えられない。ここを、間違ってはいけない。

とくに頻繁に、時間をかけて掃除する人が多いホコリ汚れは、家族の人数によっても違いがあるが、ある程度は溜めていいのだ。日常の頻繁な掃除機かけなど必要ない。まずは、掃除のタイミングを見極めるポイントを作ってみよう。

例えば、部屋の隅、角などをポイントにして、その場所にホコリ汚れが気になるほど目立ってきたら除去する、という目安を作る。これだけで、頻繁な除去は不要となる。

ホコリ汚れは、室内全体ではなく、隅、奥、隙間を狙って集めるのも次の手だ。床材にもよるが、ホコリ汚れは移動する。上から下、そして、中心から隅、端や奥へ。時間を有効に遣うことを考えるなら、移動した先で除去すればいい。家全体をまんべんなく掃除しなくてもいいということだ。

こうして、ホコリ汚れの動きをじっくりと見極めた上で、除去しよう。やみくもに掃除機をかけるだけが、掃除の技術ではない。

逆に、溜めてはいけない水垢汚れの掃除は、水を使用するたびに、時短道具で水滴を除去する。布、スクィージーなど、時短道具もいろいろある。便利な道具を駆使して、水滴を除去しよう。これだけで水垢汚れは溜まらない。

水垢というのは悪いことに、水がかかると、見えなくなる。見えないから「まだ汚れていない」と勝手に思い込むが、その間に、シッカリと溜まって、こびり付き、落ちなくなってしまう。

私の実験では、浴室の壁・床にスクィージー、蛇口には布を使用して水滴を除去するだけで、20年間、水垢汚れ知らずだ。古さはそれなりに目立ってきても、清潔さは新品同様。ただ日常的に水滴を除去しただけで、この成果である。

ホコリ汚れも、水滴も、除去する作業は、1回3～5分で終わらせる。もし長時間かけても汚れが落とせないのであれば、それは溜めてはいけない汚れを溜めてしまったからだ。溜めなければ、除去も1回3～5分ですみ、ラクできるはずだ。

風通しをよくして

住まいの構造や材質は、昔と比べて大きく変化している。昔は、木、草、紙、土などの材質が基本を成し、一戸建てが多かった。

欠点は火災、地震、台風などへの備えが薄いこと。特に当時の火災、地震への対策技術は今に比べるとかなり不安なものであった。

一方で利点は、住まいが呼吸することではなかったか。天然の建材は、自然に湿気を吸い、吐き出す。つまり、自然に換気がなされていた。

自然な換気は空気を循環させ、同時にホコリ汚れも一緒に排出させていた。

そうした循環に変化が起きたのは、１９２３年（大正12）９月１日、関東大地震が発生したからだ。

多くの家屋が倒壊した。丈夫とされていたレンガ建築の建物も多くが崩壊したことから、天然建材やレンガ建築からコンクリート建築へと、住まいの構造は変化していった。さらに第二次世界大戦後には、土地と人口増加の関係により、戸建てから集合住宅へと構造を変化させていった。

現代のコンクリートでできた集合住宅は、確かに、地震、火災などには、備えられているだろう。しかし、昔の住まいの利点であった、自然な換気や空気の循環などはなくなり、私たちが生産する汚れは、住まい内に留まりやすくなった。

だから私たちは一層、自らの手で、掃除技術と時間を遣って、汚れを除去して、居心地のよさを得なければならなくなったのだ。

ここに現代の人が、居心地よく暮らすためのヒントがあると思う。昔とは違う、住まいの材質、構造が変化した家で、新たな技術を考えていく必要があるということだ。

ただ、ひとつだけ、昔と同様にラクして居心地のよさを保つ工夫があるとすれば、それは風通しをよくすることだ。窓を開け、換気扇を回すことにより強制的に換気する。これでホコリ汚れが排出できる。昔は自然にできていた風通しを、現代の家では一層意識して行い、ホコリ汚れの掃除を減らすといい。

家族が動く朝には、窓を開けて外からの空気を取り入れ、換気扇を回して室内の空気を排出して空気を循環させる。風通しを行うことで、室内にホコリ汚れが溜まりにくくなる。

「風通し」の一手は、忙しい現代の暮らしの手間を省略するためにも、ぜひ実行してみるといい、簡単な方法である。

省く・やめる・任せる掃除

年々、手が届かなくなった、危険が伴うようになった、効果が感じられなくなったなどと、億劫で面倒になってきた掃除がある。

例えば、照明器具、窓ガラス、網戸、天井、壁といった、大きな面積を伴う所、または、汚れが溜まる換気扇周りの機器。70代後半にさしかかった頃から、先に挙げた場所の掃除が間遠くなり、掃除するにしても、嫌々していたので、スピードも鈍く、効率も悪く、時間ばかりかかるようになってきた。そうなると、一層、時間がもったいない。そろそろ、これまで通りの時間の遣い方を変化させたほうがよいということだ。限りある時間を、自分のために有効に遣うことを優先したい。

掃除を省く。

照明器具と網戸は、年に3〜4回掃除していたが、年2回に省いた。それも照明器具には、天井ブラシ、網戸には網戸ブラシを使い、ブラッシングするだけにした。特に、掃除をしていないことが目立つほどではなかった。

それで、今度は、掃除をやめた。

窓ガラス、天井、壁である。窓ガラスは、景色のよい場所に暮らしているわけではないし、外壁と考えると、窓ガラスが少々汚れていても問題はない。天井や壁も、照明器具を掃除する時に、一緒にちょっと手をかければいいことにして、それだけ掃除することをやめた。やめてみると、なんということはない、汚れも目に入らなくなった。

ついでに、人に任せることも試した。

換気扇である。手が届かなくなったのと、夏前の暑さが異常だったからだ。1時間で、プロの仕事が終わり、とてもスッキリした。任せてもよさそうだ。ただ、毎年ではなく、数年に1回くらいだろうか。

「時間がもったいない」と感じ始めたら、掃除を省く・やめる・任せるなど、これまでと違った手立てを取り、自分の暮らしを優先させていいと私は思う。

空間にモノが占める割合は40％まで

大雑把にでも住まいの手入れが行き届いているかどうかは、人生の質に影響すると、私は思っている。いつどんな時でも、住まいに人が呼べるなら、手入れが行き届いている証拠である。

年齢を重ねると、いや、年齢を重ねなくても、人は欲が多いもので、新しいモノを見ると、つい手に取り、買って持ち帰る。住まいにモノばかりが増える。しかも急に購入したモノは、モノの指定席を決めていないので、床、廊下、階段、玄関などの空きスペースに置いたり、詰め込んだりしてしまうのだ。

モノの購入が重なると、次第にモノが空間を占領して元の状態が見えなくなり、手入れもしづらくなる。結果、手入れを怠るようになり、ホコリ汚れや水垢汚れが溜まりに溜まってしまうのだ。そうなれば、人などは到底呼べる状態ではなく、住むことすら居心地悪く、室内転倒、骨折の危険など、老いを前にした人生にも赤信号が灯ってくる。

モノで埋もれた人生は、決して、楽しいものではない。持ちすぎれば、暮らしの安全、衛生、安心すらおびやかされるのだ。

人生を穏やかに、ゆったりと居心地よく、モノを活用して豊かに暮らすために、住まいの空間に占めるモノの存在を見直したい。

住まいや持ち物の手入れのしやすさ、汚れの目立ちやすさなどを考えると、居住空間に占めるモノの割合は40％まで、とする目安を持っていたい。

住まいの60%は、人が動作できる空間であることが望ましい。家具、インテリアを含めて、モノが占めるスペースは40%未満ということだ。

動作できる空間が大きければ、モノを動かさずとも、サッと手が出せ、手入れも行き届く。モノが多すぎて空間スペースが狭いと、気持ちの上でも「片づけなければ」という圧迫感を感じることだろうし、時間のゆとりも持てず、人生の質も下がるはず。

人生の質を決めるのは、経済的なことばかりではない。居心地のよい住まい環境が大切なのだ。いかにスッキリと整い、手入れが行き届き、ゆったりと居心地よく暮らせているか、というバロメーターを持つか持たないかに尽きるのではないだろうか。

経済的余裕はあっても、モノに溢れ、手入れや始末の不行き届きの不健康な住まいでの暮らしでは、どんなにあがいても、幸せとはいえまい。

とくに人生最終章は、居心地よく、心豊かに、スッキリと暮らしたい。ハッと気づいた方は、第3章を再度お読みいただきたい。

あとがき

地球には、80億人の人たちが暮らす。この人たちの暮らしは、それぞれだ。同じ地域に暮らし、その土地に馴染んだ調理をしても、それぞれの味は、すべて違う。暮らしとは、違って当たり前なのだ。

ただ、私たちのすべての人に平等なのが、時間である。昔も今も、24時間は変わることが無い。

が、時は動く、刻々と。時間を無為に遣わないためには、ひとりひとりが「自分の暮らし姿勢」を持つ必要がある。

現代は、家族皆が働く時代だ。家の外と内で、役割仕事を分けていた時代とは違う。だが役割別仕事時代同様、家仕事だけに時間を費やしたり、費やすことを求められたりする。しかし役割仕事をひとりでこなすことなどできない。といって、暮らしを人生の最期まで上手く動かしていくには、家仕事もおろそかでは成り立たない。家族誰もが、家仕事を担わねばならない時代になっているということだ。

ただ、いつの時代にも、この仕事は無償であり、誰かに評価してもらえるものでもない。だから、家仕事を軽んじる人がいたり、過度に素敵に見せることで、評価に繋げたかったりする人がいるのだろう。

長年「家仕事（家事）とは何ぞや」ということを考えてきて思うのは、それは、暮らしの「土台」であって、「目的」ではない、ということ。それゆえに、私は、「家仕事（家事）」を「暮らしの技術」と捉えてきた。

自分の人生を上手く動かし、「自分の暮らし姿勢」の一部である、「やりたいこと」に向き合うためには盤石な「土台」が必要だからだ。「土台」がぐらついていては「やりたいこと」どころではない。最低限の「暮らしの技術」は、人として誰もが身に付けるべきなのだと思う。

時は動き、1秒ごとに変化している。

「今は○○（仕事、子育てなど）が忙しいから仕方ないけれど、いつかは、△△な暮らしがしたい」とか「もっと◇◇になって、やりたいことをしたい、ちょっと今ではないかも」などと、「やりたいこと」を先延ばしにして、将来の自分に期待しても、その時が、必ず来るとは限らない。

日々を何となく、仕方なく、考えもせずに、惰性で過ごす、まして、「土台」が必要といって「目的」化して、暮らしの技術のみを駆使する時間遣いは、本末転倒だ。

どんな時にも、「自分の暮らし姿勢」を突き詰めて考え、暮らしの土台を盤石にするための「暮らしの技術」をしっかりと選び取り、使う。こうした暮らし姿勢に対する自分の決断が全てであり、他人の所為にせず、言い訳もしない、潔さを持って暮らす。これが、「わたし時間を取り戻す」ことに繋がっていくと思う。

2023年　秋に　　阿部絢子

阿部絢子（あべ・あやこ）
生活研究家。１９４５年、新潟県生まれ。共立薬科大学卒業。薬剤師として洗剤メーカーに勤務後、消費生活アドバイザーとして百貨店の消費者相談員を30年間務めた。現在は調剤薬局に勤務しながら、衣食住にわたる合理的な暮らしへの提案・講演・出版を行うほか、快適な暮らしのノウハウを探求すべく、海外へのホームステイに出かけている。
著書に『ぶらり、世界の家事探訪〈ヨーロッパ編〉』『ひとりサイズで、きままに暮らす』『老親の家を片づける　ついでにわが家も片づける』『老いのシンプルひとり暮らし』（以上だいわ文庫）など多数。

本作品は当文庫のための書き下ろしです。

だいわ文庫

わたし時間《じかん》を取《と》り戻《もど》す　暮《く》らしの技術《ぎじゅつ》

著者　阿部《あべ》絢子《あやこ》

二〇二三年一二月一五日第一刷発行

発行者　佐藤　靖
発行所　大和《だいわ》書房
東京都文京区関口一─三三─四　〒一一二─〇〇一四
電話　〇三─三二〇三─四五一一

フォーマットデザイン　鈴木成一デザイン室
本文デザイン　長坂勇司
本文イラスト　タカヤユリエ
本文印刷　厚徳社
カバー印刷　山一印刷
製本　小泉製本

ISBN978-4-479-32076-0
乱丁本・落丁本はお取り替えいたします。
https://www.daiwashobo.co.jp